RECUEIL

DES

DÉCRETS ET ACTES FINANCIERS

DU GOUVERNEMENT PROVISOIRE

RECUEIL
DES DÉCRETS ET ACTES FINANCIERS
DU GOUVERNEMENT PROVISOIRE.

RÉPUBLIQUE FRANÇAISE.

MINISTÈRE DES FINANCES.

Paris, le 25 février 1848.

Aux agents et comptables de tout grade de l'administration des finances.

Monsieur, le Gouvernement provisoire vient de me confier la direction de l'administration des finances. En acceptant cette position, je crois faire acte de dévouement et de bon citoyen; c'est aussi, je n'en doute pas, ce que la France doit attendre des agents et des comptables du ministère des finances. En dehors des luttes et des passions, vous y avez été mêlés moins que tous autres: que cette position reste la vôtre; faites preuve de la même droiture et de la même exactitude à remplir vos fonctions, et tous vous pouvez compter sur mon concours et mon appui.

Je compte aussi sur vous et sur votre dévouement à la France.

Recevez, Monsieur, l'assurance de mon attachement et de ma considération distinguée.

Le Ministre des finances,
M. GOUDCHAUX.

RÉPUBLIQUE FRANÇAISE.

Liberté, Égalité, Fraternité.

ACTES DU GOUVERNEMENT PROVISOIRE DE LA RÉPUBLIQUE FRANÇAISE.

Décret du Gouvernement provisoire.

LE GOUVERNEMENT PROVISOIRE,

Attendu que, depuis le 22 février, la circulation des correspondances et effets de commerce dans la ville de Paris se trouve suspendue;

Attendu que les citoyens occupés à la défense commune ont dû suspendre le cours de leurs affaires et de leurs payements;

Considérant l'urgence des circonstances, sur la proposition du ministre des finances,

DÉCRÈTE :

ARTICLE PREMIER.

Les échéances des effets de commerce payables à Paris depuis le 22 février jusqu'au 15 mars prochain inclusivement seront prorogées de dix jours, de manière à ce que les effets échus le 22 février ne soient payables que le 3 mars, et ainsi de suite.

ART. 2.

Tous protêts, recours en garantie et prescriptions mentionnés en l'article 1er sont également suspendus et prorogés pendant dix jours.

ART. 3.

Le ministre des finances est plus spécialement chargé de l'exécution du présent décret.

Fait en l'Hôtel de ville, au siége du Gouvernement provisoire de la République, le 26 février 1848.

DUPONT (de l'Eure), F. ARAGO, LAMARTINE, CRÉMIEUX, LEDRU-ROLLIN, GARNIER-PAGÈS, MARRAST, LOUIS BLANC, FLOCON, ALBERT.

ADMINISTRATION DES POSTES.

AVIS.

Le directeur général provisoire des postes fait savoir aux habitants de Paris que le service n'a pas été interrompu, que les malles sont parties, et que les mesures sont prises pour qu'elles arrivent régulièrement.

Les citoyens sont invités à prêter aide et protection à tous les agents des postes qui circuleront dans Paris.

Le Directeur général provisoire des postes,

ÉTIENNE ARAGO.

Paris, le 26 février 1848.

RÉPUBLIQUE FRANÇAISE.

Liberté, Égalité, Fraternité.

ADMINISTRATON DES POSTES.

Paris, le 27 février 1848.

L'Administration des postes, grâce à des efforts et à une énergie dont le mobile s'est rencontré dans le sentiment républicain qui anime la population, vient d'assurer le service de Paris et des départements avec une régularité complète. Déjà les malles-postes arrivent dans la cour de l'hôtel. Le commerce n'éprouvera plus aucun retard, ni pour le départ ni pour l'arrivée de ses correspondances.

L'ordre, la sécurité, la rapidité et l'exactitude, telles seront, sous la République, les qualités et les avantages qui distingueront l'Administration.

Vive la République!

Le Directeur général des postes,
ÉTIENNE ARAGO.

RÉPUBLIQUE FRANÇAISE.

Liberté, Égalité, Fraternité.

Paris, le 27 février 1848.

Le Gouvernement provisoire informe le public que le service général des postes est assuré sur tous les points de la République et de l'étranger, et que les messageries nationales, générales et autres ont aussi repris l'expédition de leurs voitures.

Toutes les malles-postes sont parties aujourd'hui de l'hôtel même de l'Administration des postes.

Le nombre des lettres déposées dans la journée aux différentes boîtes de Paris et à destination des départements s'est élevé à 60,000. C'est plus qu'à aucune autre époque.

Paris, le 27 février 1848.

RÉPUBLIQUE FRANÇAISE.

Liberté, Égalité, Fraternité.

DÉCRET DU GOUVERNEMENT PROVISOIRE.

LE GOUVERNEMENT PROVISOIRE,

Attendu que, depuis plusieurs jours, la circulation des correspondances et effets de commerce se trouve suspendue dans les départements de la Seine et de la Seine-Inférieure;

Attendu que les citoyens occupés à la défense commune ont dû suspendre le cours de leurs affaires et de leurs payements;

Considérant l'urgence des circonstances, sur la proposition du ministre des finances,

DÉCRÈTE :

ARTICLE PREMIER.

Les échéances des effets de commerce payables dans le département de la Seine et dans le département de la Seine-Inférieure depuis le 22 février jusqu'au 15 mars prochain inclusivement seront prorogées de dix jours, de manière à ce que les effets échus le 22 février ne soient payables que le 3 mars, et ainsi de suite.

ART. 2.

Tous protêts, recours en garantie ou prescriptions mentionnés en l'article 1er sont également suspendus et prorogés pendant dix jours.

ART. 3.

Sont valables tous protêts, recours en garantie et actes conservatoires qui auraient été faits antérieurement à la promulgation du présent décret, conformément aux lois existantes.

ART. 4.

Le ministre des finances est plus spécialement chargé de l'exécution du présent décret.

Fait en l'Hôtel-de-ville de Paris, le 28 février 1848, au siége du Gouvernement provisoire de la République.

Les Membres du Gouvernement provisoire,

DUPONT (de l'Eure), FLOCON, ARAGO, LAMARTINE, CRÉMIEUX, LEDRU-ROLLIN, GARNIER-PAGÈS, MARRAST, MARIE, ALBERT, LOUIS BLANC.

RÉPUBLIQUE FRANÇAISE.

Liberté, Égalité, Fraternité.

Du 1er mars 1848.

LE GOUVERNEMENT PROVISOIRE

Déclare que tout système nouveau de politique doit se résumer dans un nouveau système de crédit et d'impôt;

Que le système de taxe de la République française doit avoir pour objet une répartition plus équitable des contributions publiques;

Que cette justice aura naturellement pour résultat d'améliorer la condition du peuple et de diminuer les charges qui pèsent sur le travail;

Qu'il existe aujourd'hui des impôts dont la suppression est très-légitimement réclamée;

Qu'une des premières lois présentées à l'Assemblée nationale sera un nouveau budget, où le Gouvernement provisoire donnera satisfaction à des vœux qu'il partage, et notamment à ce qui touche les impôts indirects, l'octroi, le timbre de la presse périodique, et toutes les autres taxes qui frappent les subsistances du peuple et l'expression de la pensée.

Le Gouvernement provisoire est résolu à proposer sincèrement à l'Assemblée nationale un budget établi sur les principes qui précèdent.

Mais il croit de son devoir le plus rigoureux de rappeler aux citoyens que tout système d'impôt ne saurait être décidé par un Gouvernement provisoire; qu'il appartient aux délégués de la nation tout entière de juger souverainement à cet égard; que toute autre conduite impliquerait de sa part la plus téméraire usurpation.

Il rappelle en outre que la République française, bien qu'elle soit héritière d'un gouvernement de prodigalité et de corruption, accepte et veut fermement tenir tous les engagements, rester fidèle à tous les contrats;

Qu'au milieu des difficultés passagères inséparables de toute grande commotion, il serait de la plus haute imprudence de diminuer les ressources du Trésor;

Qu'on risquerait ainsi de suspendre ou de compromettre les services les plus importants, qu'on pourrait encore moins songer à faire face aux événements dont la France et l'Europe peuvent être les témoins;

Par ces motifs, le Gouvernement provisoire ARRÊTE :

ARTICLE PREMIER.

Tous les impôts, sans exception, continueront à être perçus comme par le passé.

ART. 2.

Les bons citoyens sont engagés, au nom du patriotisme, à ne mettre aucun retard dans le payement de leurs taxes.

ART. 3.

Le Gouvernement provisoire s'engage à présenter à l'Assemblée nationale un budget dans lequel seront supprimées les taxes sur le timbre de la presse périodique, l'octroi, le sel, et une loi qui modifiera profondément le système des contributions indirectes.

Les Membres du Gouvernement provisoire de la République française,

Signé DUPONT (de l'Eure), LAMARTINE, LOUIS BLANC, GARNIER-PAGÈS, ARAGO, ALBERT (ouvrier), CRÉMIEUX, MARRAST, FLOCON, MARIE, LEDRU-ROLLIN.

RÉPUBLIQUE FRANÇAISE.

Liberté, Égalité, Fraternité.

Du 3 mars 1848.

LE GOUVERNEMENT PROVISOIRE,

Considérant que les impôts, quels qu'ils soient, ne pourraient pas cesser d'être perçus sans porter atteinte à la rentrée particulière de toutes les contributions, et par conséquent à la tranquillité publique ;

Qu'en ce qui concerne l'impôt du timbre relatif aux journaux, lequel continuera à être perçu à dater du 5 mars courant, il ne peut y avoir actuellement d'exception ; mais que, sans porter atteinte à ce principe, et dans un intérêt purement politique, il convient d'en suspendre l'exécution au moment où le peuple entier va, pour la première fois, exercer ses droits dans toute leur plénitude ;

Le ministre des finances entendu,

ARRÊTE :

L'impôt du timbre sur les journaux et écrits périodiques sera suspendu dix jours avant la convocation des assemblées électorales, pour laisser aux élections la plus grande publicité possible.

Le ministre des finances est chargé de l'exécution du présent décret.

Paris, le 2 mars 1848.

Les Membres du Gouvernement provisoire,

Signé DUPONT (de l'Eure), LAMARTINE, ARMAND MARRAST, GARNIER-PAGÈS, ALBERT, MARIE, LEDRU-ROLLIN, FLOCON, AD. CRÉMIEUX, LOUIS BLANC, ARAGO.

RÉPUBLIQUE FRANÇAISE.

Liberté, Égalité, Fraternité.

DÉCRET DU GOUVERNEMENT PROVISOIRE.

Du 3 mars 1848.

LE GOUVERNEMENT PROVISOIRE,

Attendu que, depuis plusieurs jours, la circulation des correspondances et effets de commerce se trouve suspendue dans les divers départements de la France;

Attendu que les citoyens occupés à la défense commune ont dû suspendre le cours de leurs affaires et de leurs payements;

Considérant l'urgence des circonstances;

Sur la proposition du ministre des finances,

DÉCRÈTE :

ARTICLE PREMIER.

Les échéances des effets de commerce payables en France depuis le 22 février jusqu'au 15 mars prochain inclusivement seront prorogées de dix jours, de manière à ce que les effets échus le 22 février ne soient payables que le 3 mars, et ainsi de suite.

ART. 2.

Tous protêts, recours en garantie ou prescriptions mentionnés en l'article 1er sont également suspendus et prorogés pendant dix jours.

ART. 3.

Sont valables tous protêts, recours en garantie et actes conservatoires qui auraient été faits antérieurement à la promulgation du présent décret, conformément aux lois existantes.

ART. 4.

Le ministre des finances est plus spécialement chargé de l'exécution du présent décret.

Fait en l'Hôtel de ville de Paris, au siége du Gouvernement provisoire de la République, le 3 mars 1848.

Les Membres du Gouvernement provisoire,

DUPONT (de l'Eure), FLOCON, ARAGO, LAMARTINE, AD. CRÉMIEUX, LEDRU-ROLLIN, GARNIER-PAGÈS, MARRAST, MARIE, ALBERT, LOUIS BLANC.

Pour copie conforme :

Le Secrétaire général du Gouvernement provisoire,

PAGNERRE.

RÉPUBLIQUE FRANÇAISE.

Liberté, Égalité, Fraternité.

Du 4 mars 1848.

AU NOM DU GOUVERNEMENT PROVISOIRE.

LE MINISTRE DES FINANCES,

Considérant qu'il importe au bien-être de la République que tous les travaux reprennent leur cours, et que le commerce rentre le plus promptement possible dans ses voies normales d'activité ;

Considérant que le meilleur moyen d'atteindre ce double but est de rétablir la prompte circulation du numéraire ;

Considérant que les nouvelles parvenues de tous les points de la République établissent que la perception des impôts s'opère régulièrement, et que de toutes parts la manifestation d'un véritable patriotisme fait espérer des rentrées continues et fructueuses ;

Considérant que le Trésor a dès à présent à sa disposition le numéraire nécessaire à l'acquittement du semestre des rentes 5 p. o/o, 4 1/2 p. o/o et 4 p. o/o ;

Considérant que l'anticipation du semestre, favorable à tant d'intérêts, n'occasionne aucune perte au Trésor ;

Considérant que les dépenses de tous les services sont couvertes par les recettes, dont la réalisation est assurée par le retour à l'ordre et par la sécurité de tous ;

Arrête ce qui suit :

Le payement du semestre des rentes 5 p. o/o, 4 1/2 p. o/o et 4 p. o/o, échéant le 22 mars courant, s'effectuera à Paris et dans les départements, aux caisses ordinaires, savoir :

A Paris, à dater du 6 mars courant;

Dans les départements, à dater du 15 mars.

Paris, le 4 mars 1848.

M. Goudchaux.

RÉPUBLIQUE FRANÇAISE.

Liberté, Égalité, Fraternité.

Du 5 mars 1848.

Le Gouvernement provisoire arrête :

M. Garnier-Pagès, membre du Gouvernement provisoire, est nommé ministre des finances, en remplacement de M. Goudchaux, dont la démission est acceptée.

Fait à Paris, en conseil de Gouvernement, le 5 mars 1848.

Les Membres du Gouvernement provisoire,

Dupont (de l'Eure), Arago, Albert, Crémieux, Flocon, Garnier-Pagès, Lamartine, Louis Blanc, Ledru-Rollin, Marrast, Marie.

Le Secrétaire général du Gouvernement provisoire,

Pagnerre.

Du 5 mars 1848.

Le Gouvernement provisoire s'occupe avec activité de la fondation d'un comptoir d'escompte; une réunion d'hommes compétents aura lieu demain au ministère des finances.

RÉPUBLIQUE FRANÇAISE.

Liberté, Égalité, Fraternité.

Du 5 mars 1848.

LE GOUVERNEMENT PROVISOIRE A SES CONCITOYENS.

La République, en même temps qu'elle garantit les droits de tous, est appelée à servir tous les intérêts; le premier sentiment du Gouvernement provisoire a été de soulager les souffrances si vives des citoyens que la bataille avait amenés dans les rues.

Des secours sont accordés aux blessés; les travaux publics ont repris leur cours dans toutes les administrations; des ateliers nationaux fournissent aujourd'hui du travail à plus de dix mille ouvriers. Pendant que nous nous efforçons à rendre le présent moins pénible, la commission permanente du Gouvernement recherche les moyens de résoudre pour l'avenir les plus grands problèmes de l'industrie.

Grâce à ces premières mesures, la paix des rues s'est rétablie; mais la secousse d'une commotion aussi forte laisse encore un certain ébranlement dans les esprits comme dans les intérêts.

Le petit commerce, qui n'a qu'un accès difficile à la Banque, a besoin qu'on étende jusqu'à lui le bienfait du crédit; le Gouvernement provisoire s'occupe de créer très-prochainement pour lui un comptoir d'escompte.

La presse, cet instrument si puissant de civilisation, de liberté, et dont la voix doit rallier à la République tous les citoyens, la presse ne pouvait rester en dehors de la sollicitude du Gouvernement provisoire. Résolu comme il l'est à maintenir tous les impôts, pour acquitter les engagements et assurer le service de l'État, il ne pouvait considérer comme un simple revenu fiscal une taxe essentiellement politique. Le timbre des écrits périodiques ne saurait être continué à un moment où la prochaine convocation des assemblées électorales exige l'expression libre de toutes les opinions, de tous les sentiments, de toutes les idées. La pleine liberté de discussion est un élément indispensable de toute élection sincère.

Le Gouvernement provisoire, embrassant dans leur ensemble les intérêts les plus pressants, a décrété les mesures suivantes :

ARTICLE PREMIER.

Le ministre des finances est autorisé, par les considérations exposées dans son arrêté, à payer d'avance, et à dater du 6 mars à Paris, du 15 mars dans les départements, le semestre des rentes, qui échoit seulement le 22.

ART. 2.

Un comptoir d'escompte sera établi sous le titre de *Dotation du petit commerce.*

ART. 3.

L'impôt du timbre sur les écrits périodiques est supprimé.

Concitoyens, le Gouvernement provisoire s'adresse à tous les contribuables avec une pleine confiance dans leur patriotisme. Les difficultés passagères de la situation ne lui inspirent aucune crainte; la France intelligente, la France unie est la plus riche et la plus forte des nations. La République, pour accomplir de grandes choses, n'aura pas besoin de l'argent qu'absorbait la monarchie pour en faire de misérables. Mais son action est l'action de tous; il faut que chacun serve la patrie dans la mesure de ses moyens; nous demandons aujourd'hui aux contribuables de payer d'avance l'impôt de l'année pour mettre le Gouvernement provisoire à même de secourir toutes les souffrances, de rendre l'activité à toutes les transactions, et de répandre les bienfaits du crédit à tous ceux dont le travail augmente les richesses.

Concitoyens, vous pouvez compter sur le dévouement inflexible du Gouvernement provisoire; laissez-lui l'orgueil de croire qu'il peut aussi compter sur vous.

Les Membres du Gouvernement provisoire,

Signé ARMAND MARRAST, GARNIER-PAGÈS, ARAGO, ALBERT, MARIE, AD. CRÉMIEUX, DUPONT (de l'Eure), LOUIS BLANC, LEDRU-ROLLIN, FLOCON, LAMARTINE.

RÉPUBLIQUE FRANÇAISE.

Liberté, Égalité, Fraternité.

Du 7 mars 1848.

LE GOUVERNEMENT PROVISOIRE,

Vu le décret en date du 4 mars, spécifiant qu'il sera pourvu dans le plus bref délai aux intérêts du commerce et de l'industrie;

Attendu que, par suite des événements, un trouble considérable existe aujourd'hui dans les moyens du crédit privé, et que ce trouble affecte particulièrement, soit la fabrique, soit le commerce de détail;

Que, dans de telles circonstances, il importe de donner l'exemple d'une de ces associations fécondes qui, en unissant les forces, assurent à tous le bienfait du crédit et la garantie du travail;

Qu'un des devoirs essentiels de l'État est d'intervenir dans une juste mesure, quand les citoyens sentent eux-mêmes le besoin de se réunir pour créer entre eux une sorte d'assurance mutuelle;

Qu'il importe de généraliser ce genre d'association, et d'en presser l'application dans tous les centres de fabrication et du commerce,

DÉCRÈTE :

ARTICLE PREMIER.

Dans toutes les villes industrielles et commerciales, il sera créé un comptoir national d'escompte, destiné à répandre le crédit et à l'étendre à toutes les branches de la production.

ART. 2.

Ces comptoirs auront un capital dont le chiffre variera suivant le besoin des localités.

ART. 3.

Ce capital sera formé dans les proportions suivantes :

1° Un tiers en argent par les associés souscripteurs;

2° Un tiers en obligations par les villes;

3° Un tiers en bons du Trésor par l'État.

ART. 4.

Les propositions sur la création de ces comptoirs seront adressées au ministre des finances, qui, après avoir vérifié les versements faits par l'industrie privée, assurera la part de contribution des villes et du Trésor.

Le ministre des finances est chargé de l'exécution du présent décret.

Fait à Paris, en conseil de Gouvernement, le 7 mars 1848.

Les Membres du Gouvernement provisoire,

DUPONT (de l'Eure), LAMARTINE, ARAGO, CRÉMIEUX, LEDRU-ROLLIN, GARNIER-PAGÈS, MARIE, MARRAST, ALBERT, LOUIS BLANC, FLOCON.

Le Secrétaire général du Gouvernement provisoire,

PAGNERRE.

RÉPUBLIQUE FRANÇAISE.

Liberté, Égalité, Fraternité.

Du 7 mars 1848.

LE GOUVERNEMENT PROVISOIRE,

Vu le décret en date de ce jour,

ARRÊTE :

1° Il est créé à Paris un comptoir national d'escompte destiné à donner des moyens de crédit au commerce et à l'industrie;

2° Ce comptoir est formé au capital de 20 millions;

3° Le commerce de Paris souscrit pour le tiers de cette somme;

La ville de Paris promet le second tiers en obligations;

L'État contribuera pour le dernier tiers en bons sur le Trésor;

4° Les statuts de ce comptoir seront publiés, et il entrera en fonctions immédiatement.

Le ministre des finances et le maire de Paris sont chargés de l'exécution du présent arrêté.

Fait à Paris, en conseil de Gouvernement, le 7 mars 1848.

Les Membres du Gouvernement provisoire,

DUPONT (de l'Eure), LAMARTINE, MARRAST, GARNIER-PAGÈS, ALBERT, MARIE, LEDRU-ROLLIN, FLOCON, CRÉMIEUX, LOUIS BLANC, ARAGO.

Le Secrétaire général du Gouvernement provisoire,

PAGNERRE.

RÉPUBLIQUE FRANÇAISE.

Liberté, Égalité, Fraternité.

Du 8 mars 1848.

LE GOUVERNEMENT PROVISOIRE,

Sur la proposition du ministre des finances,

ARRÊTE :

M. Eugène Duclerc est nommé sous-secrétaire d'État au ministère des finances.

Fait à Paris, au conseil de Gouvernement, le 7 mars 1848.

Les Membres du Gouvernement provisoire,

ARAGO, DUPONT (de l'Eure), ALBERT, MARIE, MARRAST, LEDRU-ROLLIN, GARNIER-PAGÈS, LAMARTINE, FLOCON, AD. CRÉMIEUX, LOUIS BLANC.

Le Secrétaire général du Gouvernement provisoire,

Signé PAGNERRE.

RÉPUBLIQUE FRANÇAISE.

Liberté, Égalité, Fraternité.

Du 8 mars 1848.

De toutes les propriétés, la plus inviolable et la plus sacrée, c'est l'épargne du pauvre.

Les caisses d'épargne sont placées sous la garantie de la loyauté nationale.

La situation de ces caisses a été la première sollicitude du ministre des finances et du Gouvernement provisoire.

Le Trésor tiendra tous ses engagements.

Ce n'est point par des paroles, c'est par des actes que le Gouvernement veut répondre à la confiance des créanciers de l'Etat et la maintenir sur d'inébranlables bases.

Le Gouvernement nouveau ne se bornera point à cette loyale exécution des engagements pris. Garantir la propriété que les travailleurs ont acquise à la sueur de leur front ne suffit pas, il faut lui donner une plus grande valeur.

En conséquence,

Considérant que l'intérêt des bons du Trésor est fixé à 5 p. o/o;

Considérant que la justice commande impérieusement de rétablir l'égalité entre le produit des capitaux du riche et celui des capitaux du pauvre;

Considérant que, sous un Gouvernement républicain, les fruits du travail doivent s'accroître de plus en plus;

Le Gouvernement provisoire arrête :

ARTICLE UNIQUE.

L'intérêt de l'argent versé par les citoyens dans les caisses d'épargne est fixé à cinq pour cent, à partir du 10 mars prochain.

Les Membres du Gouvernement provisoire de la République française,

Dupont (de l'Eure), Lamartine, Louis Blanc, Garnier-Pagès, Arago, Albert, Crémieux, Marrast, Flocon, Marie, Ledru-Rollin.

Le Secrétaire général du Gouvernement provisoire,

Pagnerre.

RÉPUBLIQUE FRANÇAISE.

Liberté, Égalité, Fraternité.

Du 8 mars 1848.

Le ministre des finances,

Considérant qu'il importe de faciliter la circulation, le recouvrement et la liquidation des valeurs commerciales et autres obligations de même nature,

Arrête :

ARTICLE PREMIER.

Les billets à ordre, lettres de change et autres effets négociables, ainsi que les billets et obligations non négociables et les mandats à terme ou de place en place, faits en contravention aux lois sur le timbre, pourront être visés pour timbre sans amendes jusqu'au 20 mars courant à Paris, et jusqu'au 25 dans les départements, moyennant le payement du droit de timbre proportionnel.

ART. 2.

Le visa pour timbre des effets de commerce susceptibles de protêts pourra avoir lieu au bureau des actes d'huissiers en même temps que l'enregistrement des protêts.

Paris, le 8 mars 1848.

Le Membre du Gouvernement provisoire Ministre des finances,

Garnier-Pagès.

RÉPUBLIQUE FRANÇAISE.

Liberté, Égalité, Fraternité.

Du 9 mars 1848.

Le Gouvernement provisoire,

Considérant qu'un grand nombre de citoyens a offert au Gouvernement provisoire de la République le don volontaire et gratuit de sommes et valeurs considérables;

Considérant que la situation financière de la République est trop rassurante pour que le Gouvernement puisse équitablement accepter ce témoignage d'une patriotique abnégation;

Considérant néanmoins qu'il importe d'accueillir, autant que faire se peut, ces nobles manifestations du dévouement à la patrie,

DÉCRÈTE :

ARTICLE PREMIER.

La somme de 100 millions qui reste encore à émettre sur le montant de l'emprunt décrété par la loi du 8 août 1847 sera immédiatement émise par les soins du ministre des finances.

ART. 2.

Cet emprunt portera le titre d'*Emprunt national*.

ART. 3.

Les souscriptions resteront ouvertes pendant un mois, à partir de la promulgation du présent décret.

ART. 4.

Les souscripteurs recevront une rente de 5 p. o/o nominative ou au porteur, laquelle sera inscrite au grand-livre de la dette publique, jouissance du 22 mars 1848.

ART. 5.

Quand bien même la rente 5 p. o/o dépasserait le pair dans le mois qui suivra la promulgation du présent décret, les titres de l'emprunt national seront délivrés au pair.

ART. 6.

Conformément aux dispositions du deuxième paragraphe de l'article unique de la loi précitée du 8 août 1847, la dotation de la caisse d'amortissement sera accrue, à partir de la clôture des souscriptions, d'une somme égale au centième du capital nominal des rentes qui seront négociées en vertu du présent décret.

ART. 7.

Le membre du Gouvernement provisoire ministre des finances est chargé de l'exécution du présent décret.

Fait à Paris, le 9 mars 1848.

Les Membres du Gouvernement provisoire,

DUPONT (de l'Eure), ARAGO, LAMARTINE, MARIE, CRÉMIEUX, LEDRU-ROLLIN, GARNIER-PAGÈS, LOUIS BLANC, MARRAST, ALBERT, FLOCON.

Le Secrétaire du Gouvernement provisoire,

PAGNERRE.

RÉPUBLIQUE FRANÇAISE.

Liberté, Égalité, Fraternité.

Du 9 mars 1848.

LE GOUVERNEMENT PROVISOIRE,

Considérant que, par l'établissement de la République, les biens de l'ancienne liste civile ont fait retour à l'État;

Considérant que l'aliénation des bois, forêts, terres, corps de ferme, etc., qui composent cette propriété nationale peut offrir de grands avantages au double point de vue de la politique et de la finance,

DÉCRÈTE :

ARTICLE PREMIER.

Le ministre des finances est autorisé à aliéner, s'il le juge nécessaire, les bois, forêts, terres, corps de ferme, etc., qui composent les biens de l'ancienne liste civile.

ART. 2.

Cette aliénation aura lieu dans les conditions suivantes :

1° L'acquéreur devra payer immédiatement en espèces le quart du prix d'acquisition;

2° Pour les trois quarts restants, il souscrira des billets à l'ordre du receveur des finances de sa circonscription. L'échéance de ces billets ne pourra pas dépasser un an à partir du jour de l'acquisition.

ART. 3.

Ces billets, revêtus de l'estampille de l'État et garantis par lui aux tiers porteurs, pourront être négociés.

ART. 4.

Le domaine dit privé n'est point compris dans la mesure qui précède, et il continuera de rester provisoirement sous le séquestre, à la disposition de l'Assemblée nationale.

ART. 5.

Le membre du Gouvernement provisoire ministre des finances est chargé de l'exécution du présent décret.

Fait à Paris, le 9 mars 1848.

Le Membres du Gouvernement provisoire,

ARMAND MARRAST, GARNIER-PAGÈS, ARAGO, ALBERT, MARIE, CRÉMIEUX, DUPONT (de l'Eure), LOUIS BLANC, LEDRU-ROLLIN, FLOCON, LAMARTINE.

Le Secrétaire général du Gouvernement provisoire,

PAGNERRE.

RÉPUBLIQUE FRANÇAISE.

Liberté, Égalité, Fraternité.

Du 9 mars 1848.

Le Gouvernement provisoire,

Considérant que plusieurs parties des forêts appartenant à l'État peuvent être aliénées avec un égal avantage pour le Trésor et pour les particuliers;

Considérant qu'il importe de faire face par des moyens énergiques aux charges que la monarchie a léguées à la République,

Décrète :

ARTICLE PREMIER.

Le ministre des finances est autorisé à faire rechercher dans les bois de l'État les lots qui pourraient être utilement vendus aux particuliers, et à prononcer cette aliénation, s'il le juge indispensable, jusqu'à concurrence d'une somme de 100 millions.

Art. 2.

Cette aliénation aura lieu dans les formes stipulées dans notre décret de ce jour, relatif à l'aliénation des biens composant l'ancienne liste civile.

Art. 3.

Le membre du Gouvernement provisoire ministre des finances est chargé de l'exécution du présent décret.

Fait à Paris, le 9 mars 1848.

Les Membres du Gouvernement provisoire de la République française,

Dupont (de l'Eure), Arago, Albert, Ledru-Rollin, Armand Marrast, Marie, Louis Blanc, Garnier-Pagès, Lamartine, Flocon.

Le Secrétaire général du Gouvernement provisoire,

Pagnerre.

RÉPUBLIQUE FRANÇAISE.

Liberté, Égalité, Fraternité.

Du 9 mars 1848.

Le Gouvernement provisoire,

Vu le décret du 7 mars 1848, portant qu'il est créé à Paris

un comptoir national d'escompte destiné à donner des moyens de crédit au commerce et à l'industrie;

Voulant déterminer les bases principales de cet établissement,

Décrète :

ARTICLE PREMIER.

Le comptoir national d'escompte de la ville de Paris est constitué.

Il sera administré par une société anonyme dispensée exceptionnellement de l'autorisation du conseil d'État. Sa durée est fixée à trois années, à partir du jour où il commencera ses opérations.

Ce terme pourra être prorogé, du consentement de la ville de Paris, par une délibération des actionnaires et avec l'approbation du ministre des finances.

ART. 2.

Le capital du comptoir, fixé à 20 millions par le décret du 7 mars précité, est composé, savoir :

Pour un tiers, en numéraire, par des actionnaires souscripteurs;

Pour un tiers par la ville de Paris, en obligations;

Et pour le dernier tiers par l'État, en bons du Trésor.

ART. 3.

Le tiers fourni par les actionnaires est divisé en actions de 500 francs chacune.

Les opérations du comptoir commenceront aussitôt que cinq mille actions auront été souscrites.

Les bénéfices du comptoir d'escompte appartiendront exclusivement aux actionnaires, l'État et la ville ne voulant tirer aucun profit de leur intervention.

ART. 4.

Le capital à fournir par l'État et la ville de Paris garantira jusqu'à due concurrence les pertes qui pourraient résulter des opérations du comptoir.

Il ne pourra être exercé de recours, le cas échéant, sur les obligations qui représentent l'engagement de la ville et de l'État, que pour l'exécution de cette garantie.

Ces valeurs, dont la forme sera réglée par la ville et le ministre des finances, resteront dans la caisse du comptoir.

ART. 5.

Les opérations du comptoir consisteront dans l'escompte des effets de commerce sur Paris et les départements.

Il ne sera admis à l'escompte que des effets de commerce revêtus de deux signatures au moins, et dont les échéances ne pourront dépasser cent cinq jours pour le papier sur Paris, et soixante jours pour le papier sur les départements.

Les échéances pour les départements pourront être étendues à quatre-vingt-dix jours, mais seulement à l'égard des places où il existerait soit une banque locale, soit un comptoir de la banque de France.

Toutes autres opérations sont interdites.

ART. 6.

Le comptoir d'escompte sera administré par un conseil composé de quinze membres choisis parmi les actionnaires, indépendamment d'un directeur et d'un sous-directeur.

Le directeur, qui sera président du conseil d'administration, sera, ainsi que le sous-directeur, nommé par le ministre des finances.

Le président désigné par le ministre des finances remplira les fonctions de directeur du comptoir.

Les fonctions des administrateurs seront gratuites; le directeur et le sous-directeur seuls auront droit à un traitement.

Nulle opération ne pourra être faite qu'avec l'approbation du conseil d'administration et du directeur.

Les membres du conseil d'administration seront renouvelés par tiers chaque année et rééligibles.

Pour les six premiers mois, ils seront nommés par le ministre des finances.

ART. 7.

Les dispositions relatives à la constitution du comptoir pourront être modifiées sur la demande de la société, d'accord avec la ville de Paris et avec l'autorisation du ministre des finances.

ART. 8.

L'acte de société du comptoir d'escompte sera enregistré gratis, et, par exception, dispensé de toute autre formalité que son insertion au *Bulletin des lois* dans la quinzaine de sa date.

ART. 9.

Le ministre des finances et le maire de Paris sont chargés de l'exécution du présent décret.

Les Membres du Gouvernement provisoire,

DUPONT (de l'Eure), président; ARAGO, ALBERT (ouvrier), CRÉMIEUX, FLOCON, GARNIER-PAGÈS, LAMARTINE, LEDRU-ROLLIN, LOUIS BLANC, ARMAND MARRAST, MARIE.

Le Secrétaire général du Gouvernement provisoire,

PAGNERRE.

PROCLAMATION.

Du 9 mars 1848.

Citoyens!

Le gouvernement qui vient de tomber conduisait systématiquement vers l'abîme les finances du pays. Malgré les avertissements de ses amis, de ses ennemis, des indifférents eux-mêmes, il puisait sans mesure dans toutes les sources de la fortune publique.

Au jour de sa naissance, la République française reçoit ce lourd héritage; elle l'accepte, résolue à le porter sans fléchir.

Sans doute, l'œuvre est immense; mais le Gouvernement provisoire n'en est point déconcerté. Issu de la volonté du peuple, appuyé sur elle, il sait que sa force est égale à toutes les difficultés nées ou à naître.

Le concert de tous les citoyens a sauvé la liberté; il sauvera la fortune publique.

Déjà le Gouvernement provisoire a pourvu à tout; il recherche avec activité les moyens de diminuer dans une large proportion les dépenses de l'État. Il a la certitude d'y parvenir.

Le reste regarde les citoyens: leur sort, celui du commerce, de l'industrie, l'avenir et la prospérité du travail national sont entre leurs mains. Le Gouvernement les adjure d'y aviser.

En même temps il n'exige d'eux aucun sacrifice extraordinaire. Pour parer à toutes les difficultés financières que la prudence commande impérieusement de prévoir, une simple anticipation dans la rentrée des impôts suffira: que tous les citoyens versent immédiatement et par anticipation dans les caisses du trésor ce qui leur reste à payer sur leurs contribution de l'année, ou au moins les six premiers douzièmes, et toutes les difficultés financières sont vaincues.

Immédiatement, la situation financière réagit sur la situation politique; le crédit de l'État, manifestement ferme, raffermit le crédit privé; la circulation, insuffisante depuis plusieurs années, s'accroît dans de larges proportions; les travaux reprennent leur cours à des conditions meilleures, et l'amélioration du sort des travailleurs fonde la tranquillité de l'État sur la base immuable de la justice.

Le Gouvernement provisoire fait donc un appel énergique à tous les citoyens. Ce n'est pas leur intérêt personnel qu'il invoque; il ne veut faire vibrer dans le cœur du pays que le patriotisme et le dévouement.

Profondément dévoué aux intérêts du peuple, le Gouvernement provisoire attend avec une confiance résolue le résultat de cet appel au patriotisme de la France.

Fait à Paris, en séance du Gouvernement provisoire, le 7 mars 1848.

Les Membres du Gouvernement provisoire,

Armand Marrast, Garnier-Pagès, Arago, Albert, Marie, Crémieux, Dupont (de l'Eure), Louis Blanc, Ledru-Rollin, Flocon, Lamartine.

Le Membre du Gouvernement provisoire Ministre des finances,

Garnier-Pagès.

RÉPUBLIQUE FRANÇAISE.

Liberté, Égalité, Fraternité.

Du 10 mars 1848.

Le ministre des finances arrête :

Le conseil d'administration du comptoir national d'escompte est composé ainsi :

Directeur, délégué du Gouvernement provisoire, M. Pagnerre, rue de Seine, n° 14.

Sous-directeur, M. Pinard, rue Hauteville, n° 21.

Membres du conseil d'administration.

MM. André (Louis), rue des Petites-Écuries, n° 40.
Augereau, rue des Petites-Écuries, n° 26.
Avrial, rue Bergère, n° 7.
Boissaye, rue du Gros-Chenet, n° 4.
Cercueil, rue Traversière-Saint-Antoine, n° 9.
Depouilly, à Puteaux.
Dubochet, rue Lafayette, n° 3.
Gilet fils aîné, quai des Tournelles, n° 39.
Hachette, rue Pierre-Sarrazin, n° 12.
Lavessière, rue de la Verrerie, n° 58.
Levillain, rue des Vieilles-Audriettes, n° 3.
Niel, rue des Fossés-Montmartre, n° 21.
Outin, rue des Mauvaises-Paroles, n° 21.
Sommier (Alexandre), à la Villette.
Thuilleaux, rue Coquenard, n° 31.

Fait à Paris, le 9 mars 1848.

Le Membre du Gouvernement provisoire Ministre des finances,

GARNIER-PAGÈS.

RÉPUBLIQUE FRANÇAISE.

Liberté, Égalité, Fraternité.

Paris, le 9 mars 1848.

Rapport fait au Gouvernement sur la situation financière de la République par le membre du Gouvernement provisoire ministre des finances.

Le pays veut connaître la vérité sur l'état réel de ses finances. Le Gouvernement provisoire de la République a besoin de la dire : c'est son devoir, son intérêt, son droit.

Il la dira tout entière, sans haine, sans crainte, mais aussi sans ménagements.

J'aborde les faits :

Dette publique.

Au 1er janvier 1841, le capital de la dette publique, déduction faite des rentes appartenant à la caisse d'amortissement, était de 4,267,315,402f

Le 1er janvier 1848, il s'élevait à 5,179,644,730

Loin de mettre une si longue paix à profit pour réduire le

chiffre de la dette, la dernière administration l'a ainsi augmentée dans des proportions énormes : — 912,329,328 francs en sept années !

Budgets.

Les budgets suivaient la progression de la dette.

Celui de 1829 à 1830 se montait à...	1,014,914,000 00f
L'ensemble des crédits mis à la disposition du gouvernement déchu sur l'exercice 1847 s'élève à........................	1,712,979,639 62

Malgré les accroissements successifs des recettes, les budgets présentaient chaque année un déficit considérable.

De 1840 à 1847 inclusivement, la dépense a dépassé la recette de 604,525,000 francs.

Pour 1848, le déficit prévu est de 48,000,000 fr., sans compter le chapitre complémentaire des crédits supplémentaires, extraordinaires, etc., ce qui élève à 652,525,000 fr., la totalité du déficit des budgets à la charge de la dernière administration.

Travaux publics.

Les travaux publics, entrepris sans mesure sur tous les points du territoire à la fois, pour satisfaire ou fomenter la corruption électorale, et non avec cette réserve que la prudence commandait si impérieusement, ont élevé les crédits à 1,081,000,000f

A déduire les sommes remboursées par les compagnies............	160,000,000f	242,000,000
Dernier emprunt......	82,000,000	
Reste...........		839,000,000

Sur cette somme, 435 millions ont été dépensés sur les ressources de la dette flottante, et 404 millions restent encore à acquitter d'ici à l'achèvement des travaux.

Dette flottante.

La dette flottante montait dans des proportions non moins considérables.

Au commencement de 1831, elle atteignait un chiffre d'environ 250,000,000 de francs.

A la date du 26 février dernier, elle dépassait. 670,000,000f
Plus, pour les rentes appartenant aux caisses d'épargne 202,000,000

En tout........... 872,000,000

Sous un pareil régime, la situation de la caisse centrale du Trésor devait être rarement brillante. Pendant les deux cent soixante-huit derniers jours de son existence, le gouvernement déchu a dépensé au delà de ses ressources ordinaires 294,800,000 francs : — 1,100,000 francs par jour !

Pour alimenter ces dépenses, le gouvernement de l'ex-roi puisait à trois sources : les bons royaux ; l'emprunt, les caisses d'épargne.

Du 12 avril 1847 au 26 février 1848, le chiffre des bons du Trésor est monté de 86 millions à 325 millions.

Les versements de l'emprunt conclu le 10 novembre 1847 ont été de 82 millions.

Le reste de l'emprunt sera-t-il réalisé? On l'ignore. Ce qui est certain, c'est qu'il faudra payer les bons du Trésor.

Quant aux caisses d'épargne, tout le monde en connaît la déplorable histoire. Sur les 355 millions versés entre les mains de la précédente administration, je n'ai trouvé en compte courant au Trésor qu'une soixantaine de millions Le reste était immobilisé en rentes ou en actions. D'où il suit que le gouvernement déchu s'était mis dans l'impossibilité absolue d'opérer les remboursements qui auraient pu lui être demandés.

Telle est au vrai, citoyens, la situation financière que la monarchie lègue à la République. La République l'accepte;

Mais il est urgent de porter remède au mal. Comment? Pour assurer tous les services, établir le crédit public sur des bases vraiment solides, pourvoir à la continuation des travaux entrepris, améliorer le sort du peuple, que faut-il? Des mesures sages, énergiques, promptes.

Voici celles que j'ai déjà prises ou que j'ai l'honneur de soumettre à la décision du Gouvernement provisoire.

Amortissement.

L'amortissement doit être maintenu: c'est un engagement de l'État envers ses créanciers; il faut que cet engagement soit rempli. Mais le gouvernement déchu avait disposé par avance des réserves de l'amortissement. Lorsque la rente est tombée au-dessous du pair, nous nous sommes donc trouvés dans cette alternative, ou de faire mouvoir l'amortissement et de suspendre les travaux, ou de les continuer en donnant, comme par le passé, des bons du Trésor au lieu de numéraire à la caisse d'amortissement. Ce dernier parti avait le double avantage d'assurer du pain à ceux qui n'en ont pas et de laisser les espèces dans les caisses du Trésor : plus de 500,000 francs par jour. Il était donc impérieusement commandé par les circonstances. Je l'ai pris. J'ai décidé que la caisse d'amortissement continuerait de recevoir des bons du Trésor au lieu d'espèces.

Bons du trésor.

Les bons émis s'élevaient, le 24 février 1848, à 329,886,000 f. Un certain nombre de ces billets est à courte échéance; mais, en général, ils sont régulièrement distribués sur les divers mois de 1848 et de 1849. La perception des impôts se fait actuellement avec la plus grande facilité. Les citoyens, dans leur patriotisme, se font un devoir de porter au Trésor les impôts de l'année courante. Le service des bons du Trésor est assuré. Je propose seulement de fixer l'intérêt à 5 p. o/o pour toutes les échéances indistinctement.

Caisse d'épargne.

Malgré les représentations les plus énergiques, le gouvernement de l'ex-roi s'était mis dans l'impossibilité de tenir ses engagements envers les créanciers de la caisse d'épargne. Le gage, incessamment exigible, n'était plus libre dans ses mains. Au moment où j'ai pris la direction des finances de l'État, le 7 mars au soir, la propriété des déposants se décomposait de la manière suivante :

Au Trésor en compte courant, à 4 p. 0/0	65,703,620f 40c
En rentes 5 p. 0/0, ayant coûté	34,106,135 25
En rentes 4 p. 0/0, *idem*	202,316,175 00
En rentes 3 p. 0/0, *idem*	34,084,447 92
En actions des quatre canaux, *idem*	14,059,120 00
En actions des trois canaux, *idem*	4,818,218 75
	355,087,717 32

Peut-être le nouveau Gouvernement aurait-il pu dire aux créanciers des caisses d'épargne : « Voilà le gage que nous laisse le gouvernement en qui vous aviez placé votre confiance; reprenez-le. » Ce moyen de résoudre une difficulté considérable n'était pas injuste. Il était facile. Nous l'avons repoussé. La rente et les autres valeurs étant aujourd'hui dépréciées, les déposants auraient eu à subir une perte plus ou moins forte : nous n'avons pas voulu la leur imposer.

Mais, après une étude rapide et minutieuse de la situation des déposants, nous avons reconnu que les petites sommes appartenaient, en général, à des citoyens besoigneux; que les gros dépôts, surtout dans les départements, étaient la propriété de familles plus ou moins aisées, qui souvent éludaient les limitations de la loi en répartissant les livrets sur plusieurs têtes; nous avons reconnu que si les premiers, en retirant leurs dépôts, obéissaient au conseil de la nécessité, ceux-ci faisaient preuve d'une malveillance coupable et d'une défiance injurieuse envers le Gouvernement républicain.

Voulant récompenser ceux qui montrent une confiance éclairée, j'ai déjà décidé que l'intérêt des fonds versés ou laissés dans les caisses d'épargne serait élevé à cinq pour cent.

Voulant aujourd'hui concilier tout à la fois la bienveillance que les déposants malaisés inspirent au Gouvernement et les impérieuses nécessités d'une situation que nous n'avons pas faite, je propose au Gouvernement provisoire de décider :

1° Que les dépôts de cent francs et au-dessous seront remboursés intégralement en espèces;

2° Que les dépôts de cent un à mille francs pourront être remboursés savoir : cent francs en espèces; le surplus, jusqu'à concurrence de moitié de la somme, en un ou plusieurs bons du Trésor à quatre mois d'échéance et portant intérêt à cinq pour cent; la dernière moitié en coupons de rentes cinq pour cent au pair;

3° Que, pour les livrets dont le solde dépassera mille francs, la caisse d'épargne pourra payer : cent francs en espèces; le surplus, jusqu'à concurrence de moitié de la somme, en un ou plusieurs bons du Trésor à six mois d'échéance et portant intérêt à cinq pour cent; la dernière moitié en rentes cinq pour cent au pair.

Réduction du nombre des emplois.

La gratuité des fonctions publiques est une institution aristocratique. L'admissibilité de tous les citoyens à tous les emplois implique l'idée d'une juste rémunération.

La République veut être bien servie : elle rétribuera convenablement ceux qui lui dévoueront leur intelligence et leur temps. Les fonctions publiques seront désormais une carrière véritable, où les intelligents, les zélés, les probes, n'auront plus à céder tristement le pas aux plus recommandés. — Point de sinécures, peu d'employés bien payés : tels seront désormais le principe et la règle du Gouvernement de la République.

Je propose donc au Gouvernement provisoire de décider, en principe, que le nombre des emplois sera réduit dans une large proportion et que les traitements seront fixés sur de nouvelles bases.

Voilà, citoyens, l'ensemble des mesures qui me paraissent le plus convenables et le plus efficaces pour empêcher que les espèces ne s'écoulent du Trésor avec une dangereuse rapidité.

Je dois maintenant vous soumettre une autre série de propositions ayant pour but d'activer le mouvement du numéraire vers les caisses de l'État et d'imprimer à la circulation une plus grande vivacité.

Diamants de la couronne.

Ces valeurs, dont la royauté n'était qu'usufruitière, appartiennent à l'État.

L'argenterie trouvée aux Tuileries et dans les autres résidences royales lui appartient également.

Il a le droit d'en disposer, et les charges que le régime déchu fait peser sur l'avenir de la République donnent à cette mesure politique le caractère d'une expiation.

Je vous propose de décréter que le ministre des finances sera autorisé :

1° A aliéner les diamants de la couronne aux prix qui auront été fixés par les experts assermentés ;

2° A faire convertir immédiatement en monnaie à l'effigie de la République l'argenterie et les lingots provenant des Tuileries, de Neuilly et des autres résidences attribuées par la loi de 1832 sur la liste civile à la royauté déchue.

Il est entendu que les objets d'art sont exceptés de cette mesure.

Domaine de l'ancienne liste civile.

Aux termes du décret que vous avez rendu, les biens de l'ancienne liste civile ont fait retour au domaine de l'État.

Ces biens, dont la valeur va être rigoureusement estimée, ont successivement passé des anciens rois à l'Empereur, de l'Empereur à Louis XVIII et à Charles X, de ceux-ci à l'ex-roi Louis-Philippe.

Par leur cohésion, par les traditions, les habitudes de leur administration, ils semblent toujours attendre un nouveau maître. Au double point de vue de la politique et de la finance, pour rompre complétement cette longue et forte chaîne de possession publique, pour assurer à l'État les ressources que le régime déchu a rendues indispensables, je vous propose de décider que le ministre des finances sera autorisé à aliéner, s'il le juge nécessaire, dans les formes stipulées au décret ci-après, les bois, terres, champs, etc., qui composent les biens de l'ancienne liste civile.

Il est entendu que le domaine dit *privé* n'est point compris dans cette mesure, et qu'il reste provisoirement sous le séquestre, à la disposition de l'Assemblée nationale.

Bois de l'État.

Au point de vue financier, l'administration des forêts de l'État a jusqu'ici laissé beaucoup à désirer. Ces magnifiques propriétés ne rapportent guère, dans leur ensemble, au Trésor que 2 p. 0/0. Dans quelques départements, leur produit ne couvre même pas les frais d'exploitation. Je vais faire étudier les moyens d'améliorer cette partie de service.

Mais, en attendant, il est certain qu'aujourd'hui plusieurs parties de ces forêts peuvent être vendues avec un égal avantage, et pour le Trésor, qui percevrait les produits de la vente, et pour la richesse générale, qui croîtrait par suite d'une gestion plus énergique et plus habile.

Je vous propose, en conséquence, de décider que le ministre des finances est autorisé à rechercher dans les bois de l'État les lots qui pourraient être utilement vendus aux particuliers, et à prononcer cette aliénation, s'il le juge indispensable, jusqu'à concurrence de 100 millions, conformément aux dispositions du décret qui accompagne mon rapport.

Emprunt.

Pour faire face au déficit qui le pressait de toutes parts, le gouvernement déchu avait obtenu du parlement l'autorisation d'émettre un emprunt de 350 millions. 250 millions ont été souscrits le 10 novembre dernier, sur lesquels le Trésor a déjà perçu 82 millions. Le complément de cet emprunt sera-t-il réalisé? Ces difficultés que le gouvernement de l'ex-roi nous lègue seront-elles pour les souscripteurs une raison de force majeure ou un prétexte de ne pas tenir leurs engagements? Je l'ignore. Mais en présence de la dépréciation des effets publics, pour si passagère qu'elle soit, la prudence commande la prévoyance. Quelle que soit la résolution ou la puissance réelle des souscripteurs, il faut que le Trésor soit mis en état de se passer des versements ultérieurs, même les plus prochains. Les mesures ci-dessus ont eu pour objet et auront pour résultat d'y pourvoir.

Mais la magnifique expansion de patriotisme, de dévouement, d'abnégation, d'intelligente ardeur qu'a suscitée partout l'avénement de la République conseille une plus haute entreprise. Un grand nombre de citoyens ont offert au Gouvernement le don volontaire de sommes et de valeurs considérables. Plein d'une gratitude profonde pour une offre si patriotique et si honorable, le Gouvernement de la Républipue ne l'acceptera pourtant pas. Il convient de laisser à ceux qui en font un si noble usage la libre disposition de leur fortune. Mais il sera permis de rattacher ces généreux citoyens à la fortune de l'État par une combinaison également avantageuse pour lui et pour eux. Aux termes de la loi du 8 août 1847, le trésor a encore à émettre sur le dernier emprunt une somme de 100 millions. Je vous propose, citoyens, de décréter que cette émission aura lieu immédiatement sous ce titre : *Emprunt national*. Tous les citoyens qui voulaient apporter leur tribut volontaire à la prospérité de la République y seront désormais admis. L'emprunt national sera ouvert pendant un mois. En échange de leur offrande, les citoyens recevront un coupon de rente 5 p. 0/0 au pair, quand bien même ce fonds dépasserait le pair avant le complément de la souscription.

Il y aura là un triple avantage : d'une part, l'emprunt national, étant directement pris au Trésor par les souscripteurs, sera immédiatement classé; d'autre part, l'emprunt du 10 novembre 1847, s'il est abandonné par les preneurs, ne pèsera plus sur la place; et si, plus tard, de nouvelles circonstances obligeaient la République à se servir de son crédit, nous serions sur un terrain complétement dégagé, où la liberté de nos mouvements ne trouverait plus d'obstacles sérieux.

Dans un prochain rapport, aussitôt que les calculs auront pu être établis avec une rigoureuse précision, je ferai connaître au Gouvernement le résultat chiffré de toutes les mesures que je viens de proposer.

Je ne tarderai pas non plus à lui soumettre les bases d'un nouveau budget, d'un budget vrai, sérieux, honnête, en un mot, du budget de la République. Dans ce but, je me suis déjà entendu avec mes collègues des divers ministères, qui font tous leurs efforts pour que les dépenses de leurs départements soient réduites au minimum des nécessités réelles.

Il me reste maintenant à compléter cet exposé par quelques observations générales.

Les perspectives actuelles du Trésor sont rassurantes. Grâce aux mesures qui ont été ou qui vont être prescrites, la situation prochaine sera bonne. Dans ce premier moment d'inquiétude qui succède toujours aux grandes commotions politiques, les demandes d'argent ont afflué; les caisses d'épargne surtout ont reçu de nombreuses demandes de remboursements. Mais déjà cette panique se calme : tout le monde comprend que la fortune de la France est aujourd'hui ce qu'elle était hier, et l'on aperçoit dans un prochain avenir les améliorations qui doivent nécessairement résulter des nouvelles institutions que le pays s'est données. D'ailleurs, le zèle des citoyens se montre supérieur à toutes les difficultés. Les versements anticipés qui s'exécutent dans tous les bureaux de perception nous donnent l'assurance de pourvoir facilement désormais non-seulement aux services ordinaires, mais encore aux nécessités de l'imprévu.

Quant à la situation générale de la République sous le rapport financier, j'estime qu'elle n'a plus rien d'effrayant. La dette nationale, déduction faite des rentes qui appartiennent à l'amortissement, s'élève à 5,200,000,000 de francs.

Si l'on demande ce qu'a produit cette masse de capitaux, l'esprit s'arrête déconcerté devant l'énorme disproportion des moyens avec les résultats. Mais si l'on regarde le pays lui-même, l'aspect de ce qu'il peut rassure.

La dette anglaise s'élève à 20 milliards. Elle repose sur l'assujettissement industriel et commercial de l'univers : base variable et fragile !

La nôtre n'est que de 5 milliards, et elle a pour base toute la propriété publique et particulière de la France : base inébranlable et chaque jour plus forte !

Encore quelques années d'un gouvernement républicain, d'une administration loyale, prudente et ferme, et le crédit de la France n'aura pas d'égal.

Mais, dans ma conviction profonde, ces heureuses prévisions ne peuvent être réalisées que par le rapide affermissement de la République. Que tous les bons citoyens s'y efforcent, sans enthousiasme irréfléchi comme sans inutiles regrets. Le dernier prestige de la monarchie, c'était l'utilité. Beaucoup d'hommes sincères croyaient le maintien de cette forme indispensable au maintien de l'ordre, au règlement de tous les intérêts légitimes. La monarchie compromise, ils croyaient tout perdu : ils se trompaient. Cette solennelle expérience qui vient de se faire a dû convaincre les esprits abusés mais sincères. Ce qui est certain, ce que j'affirme de toute la force d'une conviction éclairée et loyale, c'est que, si la dynastie d'Orléans avait régné quelque temps encore, la banqueroute était inévitable.

Oui, citoyens ! proclamons-le avec bonheur, avec orgueil : à tous les titres qui recommandent la République à l'amour de la France et au respect du monde, il faut ajouter celui-ci : La République a sauvé la France de la banqueroute !

Le Membre du Gouvernement provisoire Ministre des finances,

GARNIER-PAGÈS.

RÉPUBLIQUE FRANÇAISE.

Liberté, Égalité, Fraternité.

Du 10 mars 1848.

LE GOUVERNEMENT PROVISOIRE,

Considérant que le gouvernement déchu a laissé à la charge

de la République une somme de 355,087,717 fr. 32 cent. provenant de versements faits aux caisses d'épargne;

Considérant que, sur cette somme, il ne reste de disponible, en espèces, que 65,703,620 fr. 40 cent.;

Attendu que les petits dépôts appartiennent en général à des citoyens nécessiteux;

Attendu que les dépôts élevés appartiennent au contraire à des personnes généralement aisées;

Attenduqu'il importe de concilier l'intérêt de la justice avec l'intérêt du Trésor, celui des particuliers avec celui du public,

DÉCRÈTE :

ARTICLE PREMIER.

Les livrets présentant un solde de 100 francs et au-dessous pourront, sur la demande des déposants, être remboursés intégralement en espèces.

ART. 2.

Les dépôts de 101 francs à 1,000 francs pourront être remboursés, savoir :

1° 100 francs en espèces;

2° Le surplus, jusqu'à concurrence de moitié de la somme versée, en un ou plusieurs bons du Trésor à quatre mois d'échéance et portant intérêt à 5 p. 0/0;

3° La dernière moitié, en coupons de rentes 5 p. 0/0 au pair.

ART. 3.

Pour les livrets dont le solde dépassera 1,000 francs, la caisse d'épargne pourra payer :

1° 100 francs en espèces;

2° Le surplus, jusqu'à concurrence de la moitié de la somme versée, en un ou plusieurs bons du Trésor à six mois d'échéance et portant intérêt à 5 p. 0/0;

3° La dernière moitié, en un coupon de rente 5 p. 0/0 au pair.

ART. 4.

Les livrets inscrits au nom des sociétés de secours mutuels ne seront point assujettis aux dispositions qui précèdent; leurs dépôts pourront être remboursés intégralement en espèces.

Les livrets inscrits depuis le 24 février 1848 sont également exceptés de la mesure.

ART. 5.

Provisoirement et jusqu'à nouvel ordre, il ne sera fait aucun transfert de fonds d'une caisse d'épargne à une autre pour le compte des déposants.

ART. 6.

Le membre du Gouvernement provisoire ministre des finances est chargé de l'exécution du présent décret.

Fait à Paris, le 9 mars 1848.

Les Membres du Gouvernement provisoire,

Signé DUPONT (de l'Eure), ARAGO, LAMARTINE, MARIE, AD. CRÉMIEUX, LEDRU-ROLLIN, GARNIER-PAGÈS, LOUIS BLANC, ARMAND MARRAST, ALBERT, FLOCON.

Le Secrétaire général du Gouvernement provisoire,

Signé PAGNERRE.

RÉPUBLIQUE FRANÇAISE.

Liberté, Égalité, Fraternité.

Du 9 mars 1848.

LE GOUVERNEMENT PROVISOIRE,

Considérant que les diamants de la couronne, dont la royauté n'était qu'usufruitière, appartiennent à la nation;

Considérant que les autres valeurs mobilières qui servaient à l'ornement et à la splendeur des résidences royales lui appartiennent également;

Considérant qu'elle a le droit d'en disposer dans l'intérêt public;

Attendu que la circulation du numéraire est en ce moment insuffisante,

DÉCRÈTE :

ARTICLE PREMIER.

Le ministre des finances est autorisé :

1° A aliéner les diamants de la couronne au prix qui aura été fixé par les experts assermentés;

2° A faire convertir immédiatement en monnaie au type de la République l'argenterie et les lingots provenant des Tuileries, du château de Neuilly et de toutes les résidences attribuées par la loi de 1832, sur la liste civile, à la royauté déchue.

Les objets d'art sont exceptés de cette mesure.

ART. 2.

Le membre du Gouvernement provisoire ministre des finances est chargé de l'exécution du présent décret.

Fait à Paris, le 9 mars 1848.

Les Membres du Gouvernement provisoire de la République française,

Signé DUPONT (de l'Eure), ARAGO, FLOCON, LAMARTINE, ALBERT, AD. CRÉMIEUX, GARNIER-PAGÈS, MARRAST, MARIE, LOUIS BLANC, LEDRU-ROLLIN.

Le Secrétaire général du Gouvernement provisoire,

PAGNERRE.

RÉPUBLIQUE FRANÇAISE.

Liberté, Égalité, Fraternité.

Du 11 mars 1848.

LE GOUVERNEMENT PROVISOIRE, convaincu que, de toutes les libertés, la liberté de conscience est la plus précieuse et la plus sainte,

ARRÊTE :

Les citoyens détenus par suite de condamnations prononcées contre eux pour faits relatifs au libre exercice du culte seront immédiatement rendus à la liberté, s'ils ne sont retenus pour d'autres causes.

Toute poursuite commencée est abolie. Remise est faite des amendes prononcées et non encore acquittées.

Le ministre de la justice et le ministre des finances sont chargés de l'exécution du présent décret.

Les Membres du Gouvernement provisoire,

Signé DUPONT (de l'Eure), LAMARTINE, CRÉMIEUX, GARNIER-PAGÈS, MARIE, MARRAST, LOUIS BLANC, ALBERT, FLOCON, LEDRU-ROLLIN, ARAGO.

Le Secrétaire général du Gouvernement provisoire,

Signé PAGNERRE.

AUX HABITANTS DE PARIS.

11 mars 1848.

Citoyens,

Le jour même où vous avez reconquis votre liberté, vous m'avez appelé au poste de maire de Paris.

Nommé par le peuple, je devais au peuple le dévouement de toutes mes forces. Je les lui ai consacrées avec toute l'énergie qui est en moi.

Citoyens! le Gouvernement provisoire avait une tâche immense: fonder les principes qui conduisent à l'amélioration du sort du peuple, satisfaire, dans la limite du juste, à tous les intérêts légitimes; maintenir l'ordre, établir la confiance; asseoir sur des bases inébranlables la liberté, l'égalité, la fraternité; en un mot, fonder à tout jamais le Gouvernement républicain. Ce noble but a été poursuivi avec une résolution clairvoyante et ferme. J'y ai aidé dans la limite du pouvoir que le peuple m'avait donné, et j'ai la confiance que nous avons réussi.

Par la sagesse du peuple, l'ordre est désormais établi. Dans cette situation, un citoyen éminent par ses vertus, par ses talents et par son caractère, M. Goudchaux, a voulu quitter le poste où la confiance du peuple et celle du Gouvernement l'avaient tout d'abord appelé. N'ayant accepté que provisoirement le ministère des finances, malgré les instances réitérées du Gouvernement, il n'a pas cru devoir le conserver plus longtemps.

Le Gouvernement provisoire m'a désigné pour le remplacer, et il me donne pour successeur à la mairie de Paris un homme que l'éclat de son talent, la constance de ses principes, son dévouement à l'ordre et à la liberté recommandent à l'estime de tous les bons citoyens. Il m'en a coûté, croyez-le, de quitter cette haute magistrature dont vous m'aviez investi, mais j'ai dû obéir, et je suis venu servir la République là où le Gouvernement provisoire a pensé que mes services pouvaient être le plus utiles.

Mais avant de quitter cet hôtel de ville où la volonté du peuple m'avait installé, je dois, citoyens, vous exprimer la gratitude dont mon cœur est plein. Je croyais la tâche au-dessus de mes forces; vous me l'avez rendue presque facile. Les jours les plus agités de ma vie en sont aussi les plus beaux!

Merci de toute mon âme, ô mes concitoyens, merci! En

quelque situation que votre volonté me porte, comptez que je consacrerai toujours au service de la patrie, à la grandeur de notre République, tout le dévouement que le peuple est en droit d'exiger.

GARNIER-PAGÈS.

RÉPUBLIQUE FRANÇAISE.

Liberté, Égalité, Fraternité.

Du 11 mars 1848.

EMPRUNT NATIONAL.

ARRÊTÉ.

LE MINISTRE DES FINANCES,

Vu le décret du 9 de ce mois, relatif à l'emprunt national de 100 millions;

Voulant régler les formes d'exécution dudit emprunt,

ARRÊTE :

ARTICLE PREMIER.

Les versements prévus par l'article 3 du décret précité seront reçus, à Paris, à la caisse du receveur central et des receveurs d'arrondissement de la Seine, et dans les départements, aux caisses des receveurs généraux et particuliers des finances.

Chaque versement donnera lieu à la délivrance d'un récépissé à souche et à talon, qui sera visé et contrôlé conformément aux règlements en vigueur.

Dans les cinq jours du versement à Paris, et dans les quinze jours pour les départements, le récépissé sera échangé aux mêmes caisses contre une inscription de rente 5 p. o/o au pair nominative.

Toutefois, sur la demande du titulaire, cette inscription nominative pourra être convertie en une rente au porteur.

Les versements opérés pour l'emprunt national ne seront pas inférieurs à 100 francs, et devront être arrondis par multiple de 20 francs.

ART. 2.

Les souscripteurs qui n'effectueraient pas en une fois leur versement en pourront réaliser le montant ainsi qu'il suit :

Un tiers immédiatement,

Un tiers au 15 avril,

Un tiers au 15 mai.

L'inscription de rentes ne pourrait être réclamée qu'après la totalité des versements.

Le Membre du Gouvernement provisoire Ministre des finances,
GARNIER-PAGÈS.

RÉPUBLIQUE FRANÇAISE.

Liberté, Égalité, Fraternité.

Du 13 mars 1848.

LE GOUVERNEMENT PROVISOIRE,

Vu les lois des 25 mars 1817 et 15 mai 1818, qui interdisent de cumuler une pension avec un traitement d'activité, en tant que l'un et l'autre dépassent la somme de 700 francs et sont payés tous deux sur les fonds de l'État;

Considérant qu'il y a lieu, dans l'intérêt des caisses de retraite, d'appliquer cette mesure à un cumul quelconque,

DÉCRÈTE :

Nul ne pourra désormais jouir simultanément d'un traitement d'activité et d'une pension de retraite servis l'un et l'autre soit par le fonds de l'État ou des communes, soit par les fonds de retenue.

Le cumul continuera à avoir lieu, dans tous les cas, jusqu'à concurrence de 700 francs.

Fait à Paris, en conseil de Gouvernement, le 13 mars 1848.

Les Membres du Gouvernement provisoire,
DUPONT (de l'Eure), ARAGO, LAMARTINE, CRÉMIEUX, LEDRU-ROLLIN, LOUIS BLANC, MARIE, GARNIER-PAGÈS, FLOCON, MARRAST, ALBERT.

Le Secrétaire général du Gouvernement provisoire,
PAGNERRE.

RÉPUBLIQUE FRANÇAISE.

Liberté, Égalité, Fraternité.

GOUVERNEMENT PROVISOIRE.

Le Gouverneur de la banque de France à M. le ministre secrétaire d'État des finances.

Paris, le 15 mars 1848.

Monsieur le ministre,

J'ai eu l'honneur de vous rendre compte, jour par jour, des

opérations de la banque; vous avez bien voulu apprécier les efforts qu'elle a faits pour soutenir les transactions commerciales et le crédit public.

Du 26 février au 15 mars, c'est-à-dire en quinze jours ouvrables, la banque a escompté à Paris la somme de 110 millions.

Sur 125 millions qu'elle devait au Trésor elle en a remboursé 77.

Nous ne comprenons pas dans ce chiffre 11 millions mis à la disposition du Trésor dans divers comptoirs pour subvenir aux besoins urgents des services publics dans les départements du Var, des Bouches-du-Rhône, du Gard, de l'Hérault, de la Haute-Garonne, des Pyrénées-Orientales, du Rhône, de la Loire, de la Haute-Loire, de l'Isère, du Bas-Rhin, de la Manche, des Côtes-du-Nord et de la Charente-Inférieure.

De plus, la banque a escompté 43 millions dans les villes où elle possède des comptoirs, et elle a ainsi soutenu le commerce et le travail à Angoulême, Besançon, Caen, Châteauroux, Clermont-Ferrand, Grenoble, Montpellier, Mulhouse, Reims, Saint-Étienne, Saint-Quentin, le Mans, Strasbourg, et Valenciennes.

Par les escomptes à Paris, elle a cherché à empêcher la suspension de payement des banques départementales de Rouen, du Havre, de Lille et d'Orléans. La banque de Marseille a été aidée par le comptoir de Montpellier.

La promptitude et la largeur des opérations de la banque lui donnaient l'espoir de dominer la crise; elle s'en est flattée jusqu'à ce jour : elle y serait probablement parvenue sans les demandes provoquées par des besoins extraordinaires et exagérées par la peur.

Dans l'intervalle du 26 février au 14 mars au soir, l'encaisse de Paris a diminué de 140 à 70 millions, soit de 70 millions.

Ce matin, une panique s'est déclarée. Les porteurs de billets se sont présentés en foule à la banque; de nouveaux guichets d'échange ont été ouverts pour accélérer le service. Plus de 10 millions ont été payés en numéraire. Il ne reste ce soir à Paris que 59 millions.

Demain la foule sera plus considérable ; encore quelques jours, et la banque sera entièrement dépouillée d'espèces. Dans ces graves circonstances, nous devons recourir à votre vigilante et énergique sollicitude et à celle du Gouvernement.

Le conseil général de la banque, délibérant sur cet état de

choses; m'a chargé de vous soumettre la proposition de demander au Gouvernement provisoire les dispositions suivantes :

« Jusqu'à nouvel ordre, les billets de la banque de France et de ses comptoirs seront réputés monnaie légale. La banque de France ne sera pas tenue de les rembourser en espèces.

« La banque de France est autorisée à émettre des billets de 200 francs. Le maximum de la circulation totale de la banque de France et de ses comptoirs ne pourra excéder 350 millions.

« La banque de France publiera tous les huit jours sa situation au *Moniteur.* »

Agréez, monsieur le ministre, l'assurance de ma haute considération.

D'Argout.

Approuvé :

F. Arago, Dupont (de l'Eure), Garnier-Pagès, Ad. Crémieux, Marie.

RÉPUBLIQUE FRANÇAISE.

Liberté, Égalité, Fraternité.

Du 15 mars 1848.

DÉCRET.

Le Gouvernement provisoire,

Vu la délibération du conseil général de la banque de France, en date de ce jour ;

Considérant que depuis quelques jours les demandes de remboursement affluent à la banque, et qu'elles menacent d'épuiser sa réserve métallique ;

Considérant que cette situation place la banque dans l'alternative ou de suspendre complétement ses escomptes, ou d'obtenir l'autorisation de ne plus effectuer ses payements en espèces ;

Considérant que la suspension ou même la restriction des escomptes de la banque porterait un coup funeste à l'industrie et au commerce ;

Considérant que cette suspension amènerait partout la cessation forcée du travail, et qu'elle plongerait les travailleurs dans la misère ;

Attendu conséquemment que, loin de permettre la suspension ou la restriction des comptes de la banque, le Gouvernement de la République doit donner à cet établissement le moyen de fournir à l'industrie et au commerce de puissants instruments de crédit ;

Attendu qu'il est indispensable de conserver à Paris les espèces appartenant au Trésor, et qui sont déposées à la banque ;

Attendu que la situation réellement prospère de la banque et la garantie formellement stipulée de la limitation des émissions donnent au public toute la sécurité désirable ;

Sur la proposition du ministre,

DÉCRÈTE :

ARTICLE PREMIER.

A partir du jour même de la publication du présent décret, les billets de la banque de France seront reçus comme monnaie légale par les caisses publiques et par les particuliers.

ART. 2.

Jusqu'à nouvel ordre, la banque est dispensée de l'obligation de rembourser ses billets avec des espèces.

ART. 3.

En aucun cas, le chiffre des émissions de la banque et de ses comptoirs ne pourra dépasser trois cent cinquante millions.

ART. 4.

Pour faciliter la circulation, la banque de France est autorisée à émettre des coupures qui, toutefois, ne pourront être inférieures à cent francs.

ART. 5.

Les dispositions du présent décret s'appliquent à tous les comptoirs que la banque a établis dans les départements.

ART. 6.

La banque de France publiera tous les huit jours sa situation dans le *Moniteur*.

Fait à Paris, en conseil de Gouvernement, le 15 mars 1848.

Les Membres du Gouvernement provisoire,

Signé DUPONT (de l'Eure), FLOCON, ARMAND MARRAST, ALBERT (ouvrier), LAMARTINE, LEDRU-ROLLIN, AD. CRÉMIEUX, MARIE, LOUIS BLANC, ARAGO, GARNIER-PAGÈS.

Le Secrétaire général du Gouvernement provisoire,

Signé PAGNERRE.

Dans la même séance, le ministre des finances a proposé au Gouvernement provisoire un ensemble de dispositions financières qui, en assurant tous les services publics, permettront de donner, dans une large mesure, à l'industrie, au commerce au travail, les secours que les circonstances ont rendus nécessaires.

Les résolutions définitives du Gouvernement paraîtront demain dans le *Moniteur*.

Le Gouverneur de la banque de France à M. Pagnerre, Directeur du comptoir national.

Paris, le 15 mars 1848.

Monsieur le directeur,

J'ai l'honneur de vous informer que le conseil général de la banque, dans sa séance d'hier, a voté une souscription de 200 000 francs pour le comptoir national,

Je tiens cette somme à la disposition du comptoir.

Recevez, monsieur le directeur, l'assurance de ma considération distinguée.

D'Argout.

COMPTOIR NATIONAL D'ESCOMPTE.

Deuxième liste de souscriptions.

Banque de France	200,000f
Compagnie des agents de change	60,000
Compagnie des marchands de bois à brûler	40,000
Société des mines à fonderie de la Vieille-Montagne	10,000
Compagnie d'assurances générales maritimes	10,000
Manufacture de glaces de Saint-Gobain	10,000
Compagnie d'assurances *la France*	50,000
Compagnie d'assurances générales d'incendie	10,000
Le journal *les Petites-Affiches*	2,000
Banquiers	81,000
Laines et couvertures	3,500
Soies en bottes et soieries	7,500
Draps	13,500
Toiles peintes	11,000
Nouveautés	10,500
Impressions	2,500
Toiles	4,500
Mercerie	3,000
A reporter	529,000

Report.......	529,000f
Dentelles..	3,000
Entrepreneurs....................................	2,000
Grains et farines.................................	6,000
Épicerie, droguerie.............................	3,500
Métaux...	8,000
Fabrique de Paris................................	10,500
Négociants et commissionnaires..............	66,500
Divers..	64,000
Vins et eaux-de-vie.............................	15,000
	707,500

Le comptoir national d'escompte est dès aujourd'hui définitivement constitué; l'organisation en est complète. Les souscriptions continueront à être reçues jusqu'à ce que le capital soit entièrement réalisé, et même jusqu'à ce qu'il ait atteint la somme nécessaire pour satisfaire à tous les besoins de la place.

Vendredi, ou samedi au plus tard, le comptoir sera en mesure de commencer ses opérations.

RÉPUBLIQUE FRANÇAISE.

Liberté, Égalité, Fraternité.

16 mars 1848.

EMPRUNT NATIONAL.

Citoyens,

La tranquillité publique se raffermit. Elle se raffermira de plus en plus par le concours de toutes les volontés, de tous les intérêts. Fondée par le courage, la liberté se maintient par le dévouement. Vous l'avez compris; vous avez d'abord anticipé sur le payement des contributions. Vous avez fait plus : les uns ont voulu payer dès aujourd'hui leurs impôts de l'an prochain; les autres ont offert une partie de leur revenu; d'autres encore, des dons volontaires de toute nature et pour des sommes considérables.

Cette émulation inspire au Gouvernement provisoire une gratitude profonde. Mais il ne croit pas devoir accepter sous la forme d'un don gratuit ce concours du patriotisme. Ce n'est pas seulement de l'argent qu'il lui faut : il veut surtout une preuve de confiance. C'est dans ce but qu'il a ouvert l'*emprunt national*.

L'emprunt national n'est pas une opération financière : c'est une mesure politique. Au moment où la rente est au-dessous du pair, le Gouvernement de la République vient demander aux capitalistes grands et petits de montrer, par un éclatant témoignage, qu'ils regardent le crédit de l'Etat comme au niveau du pair. Cet appel sera entendu; il l'a été. Le chiffre des premiers versements atteste que tout le monde comprend combien est étroite la solidarité du crédit public et du crédit privé. Améliorer le sort du peuple, rétablir la circulation un moment diminuée, vivifier l'industrie et le commerce qui vivifient le travail; donner au travail et aux travailleurs tous les encouragements, toutes les garanties qui leur sont dus; fonder l'ordre sur la justice; rassurer tous les intérêts légitimes; les protéger tous avec une égale sollicitude, avec une égale fermeté, telle est la mission du Gouvernement de la République. Il y réussira, mais à une condition : c'est que le crédit public se relèvera promptement de cette déchéance factice où le précipite une panique irréfléchie.

Citoyens! la volonté est en nous, le pouvoir est en vous. J'attends avec le calme du devoir accompli que vous nous fournissiez le moyen de fonder pacifiquement la République.

Le Membre du Gouvernement provisoire Ministre des finances,

GARNIER-PAGÈS.

RÉPUBLIQUE FRANÇAISE.

Liberté, Égalité, Fraternité.

16 mars 1848.

Rapport fait au Gouvernement de la République par le Membre du Gouvernement provisoire Ministre des finances.

Citoyens,

Vos décrets du 9 mars ont décidé que les diamants et le domaine de la couronne seraient vendus au profit du trésor de la République. Vous avez autorisé, en outre, l'aliénation d'une partie des bois de l'État jusqu'à concurrence de 100 millions.

Bien que ces ressources ne soient pas d'une réalisation immédiate, combinées avec l'ajournement des dépenses les plus prochaines, elles devaient suffire à dégager complétement la situation. Elles y auraient suffi si la confiance s'était plus promptement raffermie.

Aujourd'hui, de plus urgents besoins se manifestent. Il ne faut pas s'en étonner, il faut y pourvoir.

Les deux grandes nécessités de la situation sont : le travail, l'armée.

Le travail est suspendu sur un grand nombre de points; si nous n'y avisons, il le sera partout. De là plusieurs périls: pour les ouvriers, la misère; pour les chefs d'industrie, la ruine; pour l'État, des troubles inévitables, qui achèveraient de tout paralyser, et plongeraient dans un abîme de maux un pays dont la richesse et la puissance ne demandent qu'à grandir.

L'armée ne mérite pas moins d'occuper votre plus sérieuse attention. Avec un égal nombre de troupes, la République est plus forte que le gouvernement déchu. Gardé par la nation tout entière, le Gouvernement provisoire n'a pas besoin d'être entouré d'un cercle de baïonnettes, et, si les circonstances venaient à l'exiger, il peut porter en ligne au dehors les bataillons qui, auparavant, ne servaient qu'à couvrir la royauté; mais, je puis le dire, car nous avons la certitude d'y remédier avec une suffisante rapidité, de même que les finances, l'armée a subi les atteintes de cette désorganisation que l'on introduisait systématiquement dans tous les services. Il est urgent de lui donner ce qui lui manque. Or, plus cette réorganisation sera prompte, moins elle sera dispendieuse.

Les gouvernements que l'histoire nous montre aux prises avec les difficultés contre lesquelles nous luttons avaient en général sous la main des ressources immédiates et considérables : d'abord la dette flottante et puis les emprunts.

Après la révolution de juillet 1830, c'est la dette flottante qui paya les premiers frais d'établissement de la nouvelle dynastie. Dès le commencement de 1831, elle s'était élevée de 60 millions, en moyenne, à plus de 200 millions. Soutenu par les banquiers que la tourmente avait laissés debout, le nouveau Gouvernement pouvait espérer que la voie des emprunts ne lui serait pas fermée.

Nous sommes dans une situation différente. Loin que la dette flottante nous puisse apporter le moindre secours, c'est elle qui crée tous nos embarras financiers, lesquels, à leur tour, réagissent fatalement sur notre situation politique.

Pour les emprunts, nous n'avons voulu, nous n'avons dû faire appel qu'au patriotisme des citoyens. Les banquiers sont impuissants. L'emprunt de 250 millions ne se couvre pas. Sans aucun doute, l'État retrouvera toute la puissance de son crédit; mais il faut pour cela deux conditions : la première, que la situation politique se raffermisse visiblement; la seconde, que le trésor public soit complétement dégagé et libre.

Cela étant, je le dis sans détour, parce que, surtout en matière de finances, la première de toutes les habiletés, c'est la vérité, le Gouvernement provisoire doit demander à l'impôt les ressources dont il a besoin.

De quelle nature sera cet impôt? Créerons-nous quelque chose de nouveau ? Nous bornerons-nous à augmenter partiellement, temporairement, les contributions précédemment établies ?

J'aurais voulu soumettre à votre approbation le plan d'un impôt sur le revenu. Juste en principe et plus juste que tous les autres, pour les raisons qui sont aujourd'hui connues de tout le monde, l'impôt du revenu, l'*income-tax*, offre en outre le mérite d'une perception facile. Mais les formalités préalables de l'exécution entraînent de trop grandes lenteurs. Trois ou quatre mois, tout au moins, seraient indispensables pour la confection des rôles. En vous proposant d'en consacrer dès aujourd'hui le principe et de le substituer dans l'avenir à l'impôt actuel, je pense qu'il faut y renoncer pour le moment.

Restait l'impôt direct. Les rôles de 1848 sont faits; ils sont en cours de recouvrement. Par l'addition de 45 centimes au montant des quatre contributions, vous pouvez en peu de temps obtenir les ressources dont la République a immédiatement besoin.

Certes, il eût été désirable d'éviter aux propriétaires ce supplément de charges; mais, après tout, c'est la propriété qui a le moins à souffrir des altérations du crédit. D'un autre côté, la dernière récolte a été bonne; la prochaine s'offre sous les plus favorables auspices; en sorte que la charge sera moins lourde aujourd'hui qu'à une autre époque. La propriété se souviendra, d'ailleurs, qu'elle a aussi contribué en 1831, sous un gouvernement dont les prédécesseurs n'avaient pas épuisé toutes les ressources. J'ajoute que le calme, rétabli par le rétablissement du travail, donnera une plus grande valeur à toutes les propriétés, et que les propriétaires seront ainsi indemnisés de leurs sacrifices.

En conséquence, j'ai l'honneur, citoyens, de soumettre le décret suivant à vos délibérations.

Paris, le 16 mars 1848.

Le Membre du Gouvernement provisoire Ministre des finances,
GARNIER-PAGÈS.

DÉCRET.

LE GOUVERNEMENT PROVISOIRE,

Considérant que l'intérêt de la République exige que de puissants secours soient immédiatement donnés au travail, à l'industrie, au commerce;

Considérant qu'il n'est pas moins nécessaire ni moins urgent de réorganiser les forces militaires de la République,

DÉCRÈTE :

Il sera perçu temporairement, et pour l'année 1848 seulement, quarante-cinq centimes du total des rôles des quatre contributions directes de ladite année.

Les centimes portant sur la contribution foncière seront à la charge du propriétaire seul, nonobstant toute stipulation contraire dans les baux et conventions.

Le montant des centimes temporaires sera immédiatement exigible, sans qu'il soit besoin de nouveaux avertissements aux contribuables.

Les frais de perception de ces mêmes centimes sont fixés, par les percepteurs, au quart du taux déterminé pour les contributions ordinaires; il ne sera alloué aucuns frais aux receveurs généraux et particuliers.

Fait en conseil de Gouvernement, le 16 mars 1848.

Les Membres du Gouvernement provisoire,
Signé ARAGO, DUPONT (de l'Eure), ALBERT, MARIE, ARMAND MARRAST, LEDRU-ROLLIN, GARNIER-PAGÈS, LAMARTINE, FLOCON, AD. CRÉMIEUX, LOUIS BLANC.

Le Secrétaire général du Gouvernement provisoire,
Signé PAGNERRE.

DEUXIÈME RAPPORT.

Citoyens,

Le décret que vous venez de rendre pourvoit directement aux deux grandes nécessités de la situation : le travail, l'armée.

Mais il ne suffit pas d'accroître les ressources positives du trésor, il faut encore le dégréver des charges qui pèsent le plus immédiatement sur lui.

Je veux parler de la dette flottante.

Les deux chapitres de cette dette qui gênaient le plus, qui paralysaient le Trésor, au moment où j'ai pris en main l'administration des finances de la République, c'étaient les caisses d'épargne et les bons de la caisse de service, les *bons royaux*.

Vos deux décrets sur les caisses d'épargne ont pourvu, dans les limites du juste, aux besoins réels des particuliers, aux nécessités douloureuses d'une situation que nous n'avons pas faite, qui nous a été brusquement léguée, que nous avons loyalement acceptée.

Quant aux bons du Trésor, je n'avais soumis au Gouvernement de la République aucune proposition directe. Voici pourquoi.

L'examen à la fois rapide et approfondi des élémens divers qui composaient alors la situation générale du pays, sous le rapport financier et politique, m'avait donné l'assurance que les bons du Trésor pourraient être successivement retirés de la circulation. Il m'avait paru que le Gouvernement de la République ne pouvait manquer d'obtenir, pour un bon usage, les facilités dont le gouvernement déchu avait si largement abusé. J'avais pensé que quelques-unes des sommes le plus immédiatement exigibles pourraient être reportées sur des époques moins difficiles; et je dois dire que quelques offres m'étaient spontanément parvenues. Dans cette situation, je vous avais proposé et vous aviez décidé que le payement des bons du Trésor ne subirait aucune modification. En effet, depuis le jour de l'installation de la République, nous avons éteint 44 millions de bons du Trésor.

Depuis quelques jours, malheureusement, cette perspective s'est un peu troublée. La confiance qui reparaissait s'est encore éloignée. Une inquiétude mal fondée a momentanément prévalu. Les exemples d'intelligent patriotisme donnés par quelques hommes ont trouvé peu d'imitateurs. Tous les bons échus ont dû être remboursés en espèces, et il est à craindre qu'il n'en soit ainsi pour la somme totale de ce qui reste encore des émissions antérieures à l'établissement de la République.

Le danger que vous aviez voulu éloigner subsiste donc dans toute son intensité. Je vous propose d'y parer définitivement, en décidant que le ministre des finances sera autorisé à offrir aux porteurs la conversion de leurs bons en coupons de l'emprunt national, rente 5 p. o/o au pair, ou leur ajournement à six mois du jour de l'échéance.

Si le Gouvernement provisoire adopte la mesure que j'ai l'honneur de lui soumettre, voici quelle sera désormais la situation de la dette flottante :

Le 24 février, elle était de 872 millions; par votre décret, elle sera réduite à 447,157,600 francs, savoir :

362,157,600f	montant des fonds presque immobilisés au Trésor, tels que les fonds des communes et des établissements publics, invalides de la marine, avances des receveurs généraux, etc., etc.;
125,000,000	évaluation des sommes exigibles, tant en argent qu'en bons du Trésor, à quatre mois et six mois, sur les caisses d'épargne, en vertu du dernier décret.
447,157,600	

Vous le voyez, citoyens, cette mesure, que les hommes les plus compétents s'accordent à réclamer, ne blesse réellement qu'un très-petit nombre d'intérêts respectables. Je ne crains point que ceux-là s'en plaignent. La nécessité des sacrifices est dans tous les esprits, dans tous les cœurs. Nous en avons demandé aux petits capitalistes qui alimentent les caisses d'épargne; nous en demandons aujourd'hui aux propriétaires, nous en demandons aux industriels et aux commerçants. Serait-il juste, dès lors, que les plus riches échappassent à la loi commune? Vous ne le pensez pas; ils ne le voudraient pas.

C'est d'ailleurs un intérêt universel que l'ordre soit rétabli dans les finances. Quand, l'état réel du Trésor étant mis en pleine lumière, on y verra régner un ordre solide et durable; quand vous aurez dominé cette crise qui dure en s'aggravant chaque jour depuis plus de quatre ans; quand vous aurez amélioré le sort du peuple par le développement du travail; quand vous aurez donné à tous les intérêts, à tous les droits, la sécurité qui leur est due, n'en doutez pas, la République emportera de haute lutte, par la souveraine puissance de la vérité, la confiance un instant rebelle. Déjà la conscience publique fait un juste départ de la responsabilité : à la monarchie, le déshonneur d'une banqueroute inévitable, imminente; à la République, l'honneur d'avoir sauvé la France de cette flétrissure.

J'ai l'honneur de soumettre à votre approbation le décret suivant.

Le Membre du Gouvernement provisoire Ministre des finances,

GARNIER-PAGÈS.

DÉCRET.

LE GOUVERNEMENT PROVISOIRE,

Considérant que le Gouvernement déchu a légué à la République une dette flottante immédiatement ou prochainement exigible, et qui, à la date du 24 février dernier, ne s'élevait pas à moins de 872 millions;

Considérant que les *bons royaux*, dont une partie a déjà été acquittée par le Trésor de la République, figurent encore dans la dette flottante pour une somme de 274,533,900 francs;

Considérant que ces bons sont en majeure partie la propriété de capitalistes dont les intérêts ne sont pas directement liés à ceux de l'industrie et du commerce;

Considérant que ces bons ne seront pas stérilisés dans les mains des détenteurs, puisque les intérêts continueront d'être servis à raison de 5 p. o/o;

Sur la proposition du ministre des finances,

DÉCRÈTE :

ARTICLE PREMIER.

A partir du jour de la promulgation du présent décret et jusqu'à la décision de l'Assemblée nationale, les détenteurs des *bons royaux* créés antérieurement à la date du 24 février 1848 pourront les échanger contre des coupons de l'*emprunt national*, rentes 5 p. o/o au pair. Dans le cas où l'échange ne serait pas accepté, ces bons seront remboursés par le Trésor public, en espèces, dans les six mois du jour de leur échéance.

ART. 2.

Les bons du Trésor émis contreespèces ou en renouvellement de bons échus par le département des finances, depuis l'établissement de la République, seront de plein droit remboursés en monnaie légale.

ART. 3.

Le membre du Gouvernement provisoire ministre des finances est chargé de l'exécution du présent décret.

Fait à Paris, en conseil de Gouvernement, le 16 mars 1848.

Les Membres du Gouvernement provisoire,

ARAGO, DUPONT (de l'Eure), ALBERT, MARIE, MARRAST, LEDRU-ROLLIN, GARNIER-PAGÈS, LAMARTINE, FLOCON, CRÉMIEUX, LOUIS BLANC.

Le Secrétaire général du Gouvernement provisoire,

PAGNERRE.

TROISIÈME RAPPORT.

Citoyens,

Vous avez décidé : 1° que les ressources disponibles du Trésor seraient augmentées ; 2° que les charges qui pèsent le plus immédiatement sur les finances de la République seraient allégées.

Vous avez pris ces mesures dans le but de sauvegarder l'indépendance de la République, et de lui fournir les moyens de développement qui lui manquent.

Recueilli dans le pays tout entier, l'argent que vous levez doit retourner au pays, multiplié par une circulation savante et féconde.

La souffrance est partout : il faut que le remède soit partout.

J'ai l'honneur de soumettre à votre approbation le décret suivant.

Le Ministre des finances Membre du Gouvernement provisoire,

Signé GARNIER-PAGÈS.

DÉCRET.

LE GOUVERNEMENT PROVISOIRE,

Vu le décret en date de ce jour, qui décide l'imposition de 45 centimes additionnels sur le montant des quatre contributions directes ;

Considérant que l'un des premiers devoirs du Gouvernement de la République est de porter remède aux maux qui depuis quatre années désolent l'agriculture, l'industrie et le commerce;

Considérant que la plus urgente nécessité de ces trois éléments de la richesse publique, c'est le crédit;

Considérant que la plupart des établissements de crédit privé sont aujourd'hui paralysés;

Considérant qu'il importe de fournir aux industriels le moyen d'assurer la continuation du travail aux nombreux ouvriers employés dans les ateliers,

Décrète :

ARTICLE PREMIER.

Une somme de soixante millions est mise à la disposition du ministre des finances.

ART. 2.

Cette somme de soixante millions sera répartie entre les divers comptoirs qui, aux termes et suivant les dispositions de notre décret du 9 mars 1848, seront successivement formés à Paris et dans les départements, dans tous les grands centres agricoles, industriels et commerciaux.

ART. 3.

La répartition sera basée sur la nature particulière et l'importance proportionnelle des besoins des localités.

ART. 4.

Le membre du Gouvernement provisoire ministre des finances est chargé de l'exécution du présent décret.

Fait à Paris, en conseil de Gouvernement, le 16 mars 1848.

Les Membres du Gouvernement provisoire,

Signé Dupont (de l'Eure), Lamartine, Marrast, Garnier-Pagès, Albert, Marie, Ledru-Rollin, Flocon, Crémieux, Louis Blanc, Arago.

Le Secrétaire général du Gouvernement provisoire,

Signé Pagnerre.

RÉPUBLIQUE FRANÇAISE.

Liberté, Égalité, Fraternité.

Du 18 mars 1848.

LE GOUVERNEMENT PROVISOIRE,

Considérant que, dans les dernières sessions législatives, un certain nombre de départements et de communes ont été autorisés à contracter des emprunts dont le montant est destiné à des travaux d'utilité publique, départementale et communale;

Considérant que le taux de l'intérêt de ces emprunts avait été fixé par les lois qui les ont autorisés, et que ce taux n'est plus en rapport avec celui auquel les prêts se font généralement en ce moment,

DÉCRÈTE :

Les départements et communes qui, par des lois rendues dans les dernières sessions législatives, ont été autorisés à contracter, au taux de 4 1/2 p. 0/0, des emprunts destinés à des travaux d'utilité publique, départementale et communale, sont autorisés à porter le taux de l'intérêt de ces emprunts à 5 p. 0/0.

Fait en conseil de Gouvernement, le 18 mars 1848.

Les Membres du Gouvernement provisoire,

DUPONT (de l'Eure), LAMARTINE, ARAGO, CRÉMIEUX, LEDRU-ROLLIN, GARNIER-PAGÈS, MARIE, MARRAST, LOUIS BLANC, ALBERT, FLOCON.

Le Secrétaire général du Gouvernement provisoire,

PAGNERRE.

COMPTOIR NATIONAL D'ESCOMPTE.

Du 19 mars 1848.

Le comptoir national d'escompte a été constitué définitivement aujourd'hui. M. Pagnerre, directeur délégué du Gouvernement provisoire, a adressé au conseil d'administration et au conseil d'escompte, réunis sous sa présidence, le discours suivant :

« Citoyens,

« La monarchie a légué à la République d'immenses difficultés financières : le crédit public à relever, le crédit privé à rétablir, une banqueroute universelle à conjurer,

« La République accepte courageusement ce legs onéreux. Elle seule peut y faire honneur. Il n'y a qu'un Gouvernement sorti du vœu de tous, ralliant l'unanimité des volontés et des efforts, qui ait en lui des éléments d'ordre et de force assez puissants pour tenter utilement une si difficile entreprise.

« Après avoir proclamé de nouveau les grands principes de la souveraineté de tous les droits, de tous les intérêts, le Gouvernement provisoire a, dès son origine, cherché les moyens d'étendre le bienfait de ces dogmes régénérateurs aux plus hautes comme aux plus humbles sphères de l'activité sociale.

« A côté des paroles, les actes; à côté des principes, la réalisation.

« Au point de vue des finances de l'État, vous savez ce que le Gouvernement a déjà fait : les services publics sont assurés, les engagements sont garantis; et, pour l'avenir, il vient substituer au système de déficit, qui aboutit fatalement à la banqueroute, le système de l'équilibre, source nécessaire de la sécurité et de la prospérité de tous les intérêts.

« Au point de vue de l'industrie privée, du commerce, de l'agriculture, il vient inaugurer une pratique nouvelle : l'égalité de toutes les forces productives devant les bienfaits du crédit.

« L'institution nationale des comptoirs d'escompte, complétée par l'établissement de sous-comptoirs qui correspondront à des catégories spéciales d'industries, s'étendra bientôt à tous les points du territoire.

« Ainsi, universalisant le crédit, elle mobilisera en numéraire et en signes représentatifs toutes les valeurs qui, faute de pouvoir entrer dans la circulation, restent aujourd'hui stagnantes et improductives. Ainsi, réalisant une pensée de justice et d'égalité vraiment démocratique, elle fera tomber la proscription impie dont les prolétaires du commerce, de l'industrie et de l'agriculture ont été frappés jusqu'à présent.

« Le comptoir d'escompte étant fondé sur le principe de l'assurance mutuelle de l'État, de la commune, de l'individu, associant les forces publiques, municipales et individuelles, son capital s'accroîtra très-prochainement dans la proportion nécessaire pour faire face à tous les besoins.

« Voilà, citoyens, les principes qui ont déterminé la création du comptoir national d'escompte, auquel vous êtes appelés à prêter le concours incessant de vos lumières et de votre patriotisme. Ces principes, vous ne les oublierez jamais; ils vous guideront dans toutes vos opérations. Vous vous rappellerez que leur rigoureuse application est la condition même de la coopération désintéressée du Trésor et de la ville de Paris.

« Pour nous, dont le dévouement seul n'est pas au-dessous de la mission qui nous a été confiée par le Gouvernement comme un témoignage de sa vive sollicitude pour les légitimes intérêts de l'industrie; pour nous qui, en acceptant cette mission, avons limité la durée de notre concours personnel à la durée des épreuves difficiles qui nous restent à traverser, nous saurons maintenir l'esprit dans lequel a été conçue l'institution nationale des comptoirs d'escompte. Notre mandat est tout politique, et nous sommes profondément convaincu que votre appui ne nous manquera jamais dans l'accomplissement des devoirs qui nous ont été imposés par la nécessité des circonstances.

« Ces établissements, destinés surtout, nous ne saurions trop insister sur ce point, à porter aide et secours au commerce intermédiaire, au commerce de détail, à la petite industrie, aux travailleurs enfin, doivent être en parfaite harmonie avec nos institutions nouvelles; ils doivent républicaniser le crédit. » (Très-bien! très-bien!)

Après ce discours, le conseil d'administration et le conseil d'escompte ont commencé immédiatement les opérations du comptoir.

RÉPUBLIQUE FRANÇAISE.

Liberté, Égalité, Fraternité.

Du 20 mars 1848.

Le membre du Gouvernement provisoire ministre des finances,

Vu le décret du Gouvernement provisoire du 2 mars, présent mois;

Arrête :

Les délais et facultés accordés par l'arrêté du 8 mars courant pour faire viser sans amende les billets à ordre, lettres de change et autres effets négociables, ainsi que les effets et obligations non négociables et les mandats à terme ou de place en place, faits en contravention aux lois sur le timbre, sont prorogés jusqu'au 15 avril prochain inclusivement.

Paris, le 17 mars 1848.

Pour le membre du Gouvernement provisoire ministre des finances,

Le Sous-Secrétaire d'État,

E. Duclerc.

MINISTÈRE DES FINANCES.

Du 20 mars 1848.

AVIS.

Un arrêté du membre du Gouvernement provisoire ministre des finances, en date du 17 de ce mois, porte ce qui suit :

Les délais et facultés accordés par l'arrêté du 8 mars courant pour faire viser sans amende les billets à ordre, lettres de change et autres effets négociables, ainsi que les billets et obligations non négociables et les mandats à terme ou de place en place, faits en contravention aux lois sur le timbre, sont prorogés jusqu'au 15 avril prochain inclusivement.

RÉPUBLIQUE FRANÇAISE.

Liberté, Égalité, Fraternité.

Du 20 mars 1848.

Le ministre des finances membre du Gouvernement provisoire,

Arrête :

Le citoyen Hippolyte Biesta est nommé sous-délégué du Gouvernement provisoire près le comptoir national d'escompte de Paris,

Fait à Paris, le 20 mars 1848.

Garnier-Pagès.

RÉPUBLIQUE FRANÇAISE.

Liberté, Égalité, Fraternité.

Du 20 mars 1848.

Le membre du Gouvernement provisoire ministre des finances,

Vu le décret du Gouvernement provisoire qui délègue aux ministres compétents la décision des mesures qui étaient précédemment réglées par des ordonnances royales;

Vu les diverses ordonnances relatives aux associations tontinières;

Après avoir entendu la commission de surveillance des tontines et les directeurs de ces établissements;

Considérant que les fonds versés par les familles dans les tontines, pour être employés en rentes sur l'État, sont le fruit du travail et de l'épargne du peuple;

Qu'ils constituent un dépôt sacré placé sous la sauvegarde de l'honneur du pays et la garantie de la République;

Attendu qu'avant de statuer sur l'emploi définitif du capital des tontines, dans l'intérêt des souscripteurs, il y a lieu de pourvoir d'urgence au placement du montant des arrérages et annuités journellement perçus;

D'accord avec le ministre de l'agriculture et du commerce,

Arrête :

ARTICLE PREMIER.

Le montant des arrérages et annuités à percevoir par les établissements tontiniers sera provisoirement versé au Trésor public sous la garantie de l'État.

Le capital de ces fonds s'augmentera d'un intérêt cumulé de 5 p. o/o par an.

ART. 2.

La commission de surveillance des tontines assurera, en ce qui la concerne, l'exécution du présent arrêté.

Paris, le 20 mars 1848.

Garnier-Pagès.

RÉPUBLIQUE FRANÇAISE.

Liberté, Égalité, Fraternité.

Rapport fait au Gouvernement de la République par le Membre du Gouvernement provisoire Ministre des finances.

Paris, le 21 mars 1848.

Citoyens,

Vos premiers décrets ont pourvu aux nécessités du Trésor.

Mais ce n'est là qu'une partie de l'immense tâche qui pèse sur le Gouvernement de la République. Une crise industrielle persiste, qui ruinerait bientôt les chefs d'industrie et les travailleurs, si nous n'y avisions avec promptitude.

Cette crise s'est manifestée sous deux aspects : l'encombrement des portefeuilles, l'encombrement des magasins.

Par la chute des principaux établissements de crédit, les négociants et les industriels se sont trouvés subitement destitués des moyens de se procurer les capitaux qui leur étaient nécessaires, en même temps que l'amoindrissement de la consommation les chargeait de marchandises invendues.

Préoccupés de cette double nécessité, vous avez, sur ma proposition, décrété l'établissement de comptoirs d'escompte à Paris et dans tous les grands centres agricoles, industriels et commerciaux. Unis dans une association puissante, le crédit de l'État, celui des particuliers ont déjà rendu des services, et sont appelés, dans un prochain avenir, à exercer la plus féconde influence.

Aujourd'hui, vous devez faire pour la marchandise ce que vous avez fait pour le papier : elle a besoin d'issues, il faut lui en ouvrir. Un grand nombre de maisons recommandables, et auxquelles se rattache par les liens les plus étroits l'existence de plusieurs milliers de travailleurs, tombent ou sont sur le point de tomber, quoique leur situation soit réellement favorable. Dans peu de jours, si nous n'y prenons garde, la situation pourrait s'aggraver. Les valeurs commerciales créées par les transactions antérieures s'épuisent, et, les échanges ayant diminué, elles ne se renouvellent que lentement.

En cet état de choses, j'ai pensé que le meilleur moyen de remédier au mal, c'était d'anticiper sur la consommation, par la circulation. J'ai pensé qu'il fallait rendre la vie, pour le moment, à des valeurs aujourd'hui stagnantes; et voici ce que j'ai l'honneur de soumettre à vos délibérations.

Dans le but de mettre les chefs d'industrie en mesure de disposer dès aujourd'hui du prix de leurs marchandises, il serait établi, à Paris et dans les départements, des magasins généraux où les négociants et les industriels viendraient déposer les matières premières, marchandises et objets fabriqués dont ils seraient propriétaires. En échange de leurs dépôts, ils recevraient une reconnaissance extraite d'un registre à souche. Ce récépissé, indiquant la valeur vénale de la marchandise, estimée à dire d'experts, constaterait la propriété, qui serait transmissible par voie d'endossement. Les porteurs des récépissés du magasin central seraient admis à les déposer en garantie au comptoir d'escompte de leur circonscription. Revêtus du timbre de la République; et représentant une valeur matérielle, solide, tangible, prochainement réalisable, les récépissés seraient regardés comme équivalents à une seconde signature. Je ne doute pas que cette seconde signature ne soit accueillie avec faveur par tous les grands établissements de crédit, et que les souscripteurs de billets si solidement garantis n'arrivent ainsi, par le seul intermédiaire des comptoirs d'escompte, aux grands réservoirs des capitaux.

Convaincu que cette mobilisation de valeurs aujourd'hui paralysées contribuera puissamment à revivifier l'industrie, le commerce, et conséquemment le travail, j'ai l'honneur, citoyens, de présenter à votre approbation le projet de décret suivant.

Le Membre du Gouvernement provisoire Ministre des finances,

GARNIER-PAGÈS.

ARRÊTÉ.

Le membre du Gouvernement provisoire ministre des finances,

Vu le décret du Gouvernement provisoire en date de ce jour, relatif à l'établissement de magasins de dépôt destinés à recevoir les matières premières, les marchandises, les objets fabriqués que leurs propriétaires voudront placer sous la surveillance de l'État,

ARRÊTE ce qui suit :

ARTICLE PREMIER.

Les bâtiments de l'entrepôt réel des douanes à Paris sont affectés au dépôt des matières premières, des marchandises et objets fabriqués que le commerce et l'industrie voudront placer sous la surveillance de l'État, et dont la valeur pourra être mobilisée au moyen de récépissés à ordre transférables par voie d'endossement.

ART. 2.

L'administration de l'entrepôt est chargé de la délivrance de ces récépissés. Ils seront de deux espèces et de couleur différente.

Les uns s'appliqueront aux marchandises étrangères grevées de droits dus au Trésor national. Ils indiqueront la quotité de ces droits.

Les autres seront relatifs aux marchandises d'origine française ou naturalisées par le payement des droits.

Ces récépissés ou leurs coupures seront conformes aux modèles annexés au présent arrêté et revêtus, indépendamment d'un timbre spécial, du cachet de l'administration de l'entrepôt et du cachet de la République.

ART. 3.

L'administration de l'entrepôt sera tenue, à toute réquisition, de représenter au porteur du récépissé les marchandises qui en font l'objet.

Tout porteur de récépissé régulièrement endossé aura le droit de l'échanger contre un ou plusieurs récépissés délivrés en son nom. Il ne sera exigé aucun frais par l'administration de l'entrepôt pour la délivrance des récépissés ou de leurs coupures.

ART. 4.

Les droits de magasinage et autres que l'administration de l'entrepôt est autorisée à percevoir, lui seront payés d'après le tarif arrêté par la chambre de commerce de Paris, sauf les modifications et additions dont ce tarif serait susceptible à l'égard de certaines classes de marchandises.

Paris, le 21 mars 1848.

GARNIER-PAGÈS.

RÉPUBLIQUE FRANÇAISE.

Liberté, Égalité, Fraternité.

Du 21 mars 1848.

Le Gouvernement provisoire

Décrète :

ARTICLE PREMIER.

Il sera établi à Paris, et dans les autres villes où le besoin s'en fera sentir, des magasins généraux où les négociants et des industriels pourront déposer les matières premières, les marchandises, les objets fabriqués dont ils seront propriétaires.

Art. 2.

Ces magasins pourront être établis d'urgence, par les commissaires du Gouvernement, sur la demande des chambres de commerce ou des conseillers municipaux.

Art. 3.

Il sera délivré aux déposants des récépissés revêtus, 1° du timbre de la République, 2° du timbre des magasins où les marchandises auront été déposées.

Ces récépissés, extraits de registres à souche transférant la propriété des objets déposés, seront transmissibles par voie d'endossement.

Ils seront passibles d'un droit fixe qui ne pourra excéder un franc dix centimes.

Art. 4.

Ces magasins seront placés sous la surveillance de l'État.

Art. 5.

Les dispositions des lois antérieures ne seront pas applicables en ce qu'elles pourront avoir de contraire au présent décret.

Art. 6.

Le ministre des finances, le ministre de l'intérieur, le maire de Paris et le ministre du commerce seront, en ce qui les concerne, chargés de l'exécution du présent décret.

Fait à Paris, en conseil de Gouvernement.

Ce 21 mars 1848.

Les Membres du Gouvernement provisoire,

Armand Marrast, Garnier-Pagès, Arago, Albert, Marie, Crémieux, Dupont (de l'Eure), Louis Blanc, Ledru-Rollin, Flocon, Lamartine.

Le secrétaire général du Gouvernement provisoire,

Pagnerre.

ADMINISTRATION DE L'ENREGISTREMENT ET DES DOMAINES.

Instruction relative aux effets négociables et autres obligations faits en contravention aux lois sur le timbre.

Du 22 mars 1848.

Un arrêté du ministre des finances porte ce qui suit :

« Considérant qu'il importe de faciliter la circulation, le recouvrement et la liquidation des valeurs commerciales et autres obligations de même nature,

« Arrête :

ARTICLE PREMIER.

« Les billets à ordre, lettres de change et autres effets négociables, ainsi que les billets non négociables et les mandats à terme ou de place en place faits en contravention aux lois sur le timbre, pourront être visés pour timbre sans amendes jusqu'au 20 courant à Paris, et jusqu'au 25 mars dans les départements, moyennant le payement du droit de timbre proportionnel.

ART. 2.

« Le visa pour timbre des effets de commerce susceptibles de protêts pourra avoir lieu au bureau des actes d'huissiers en même temps que l'enregistrement des protêts.

« Paris, le 8 mars 1848.

« *Le Membre du Gouvernement provisoire Ministre des finances,*

« Garnier-Pagès. »

Les préposés se conformeront à cet arrêté. Ils remarqueront que, suivant l'article 2, le visa pour timbre des effets de commerce susceptibles de protêts, pouvant avoir lieu en même temps que l'enregistrement des protêts dont le délai est fixé à quatre jours par l'article 20 de la loi du 22 frimaire an VII, il s'ensuit que, pour ce cas, la date du protêt sert à déterminer si les effets de commerce peuvent ou non être visés pour timbre sans amende, conformément à l'article 1er du même arrêté.

Le Conseiller d'État, Directeur général de l'enregistrement et des domaines,

Calmon.

RÉPUBLIQUE FRANÇAISE.

Liberté, Égalité, Fraternité.

Du 22 mars 1848.

Le Gouvernement provisoire,

Considérant qu'il importe de pourvoir au payement des travaux les plus urgents de conservation et d'entretien des bâtiments faisant partie de la dotation de l'ancienne liste civile, lesquels font retour au domaine de la République, et rentreront à l'avenir dans les attributions du ministre des travaux publics,

Décrète :

ARTICLE PREMIER.

Il est ouvert au ministre des travaux publics, sur les fonds de l'exercice 1848, un crédit de 500,000 francs pour la conservation et l'entretien des édifices ci-après :

Palais du Louvre et sa galerie ;
Palais des Tuileries et son jardin ;
Palais national ;
Écuries du Carrousel ;
Écuries du faubourg du Roule et de la rue Montaigne ;
Palais de l'Élysée ;
Hôtel et magasins du mobilier de la liste civile ;
Monument religieux de la rue d'Anjou-Saint-Honoré ;
Manufacture des Gobelins ;
Palais de Versailles et de Trianon, leurs parc et jardins ;
Eaux de Versailles et machine de Marly ;
Palais de Saint-Cloud et son parc ;
Palais de Meudon ;
Palais de Fontainebleau ;
Palais de Compiègne ;
Palais de Pau ;
Manufacture de porcelaine de Sèvres ;
Manufacture de tapisseries de Beauvais.

ART. 2.

Le ministre des finances et le ministre des travaux publics

sont chargés, chacun en ce qui le concerne, de l'exécution du présent décret.

Fait en conseil de Gouvernement, le 22 mars 1848.

Les Membres du Gouvernement provisoire de la République française,

Dupont (de l'Eure), Arago, Lamartine, Ledru-Rollin, Louis Blanc, Marie, A. Marrast, Ferdinand Flocon, Albert, Garnier-Pagès.

Le Secrétaire du Gouvernement provisoire,

Pagnerre.

RÉPUBLIQUE FRANÇAISE.

Liberté, Égalité, Fraternité.

Du 22 mars 1848.

Le Gouvernement provisoire,

Considérant qu'il est nécessaire de pourvoir au payement des travaux de construction d'une salle provisoire destinée à la prochaine assemblée nationale,

Décrète :

ARTICLE PREMIER.

Il est ouvert au ministre des travaux publics, sur le fonds de l'exercice 1848, un crédit extraordinaire de 250,000 francs, pour la construction d'une salle provisoire destinée à l'Assemblée nationale.

ART. 2.

Le ministre des finances et le ministre des travaux publics sont chargés, en ce qui les concerne, de l'exécution du présent décret.

Fait en conseil de Gouvernement, ce 22 mars 1848.

Les Membres du Gouvernement provisoire,

Dupont (de l'Eure), Lamartine, Albert, Marie, Garnier-Pagès, Ledru-Rollin, Arago, Ad. Crémieux, Louis Blanc, Ferdinand Flocon, Armand Marrast.

Le secrétaire général du Gouvernement provisoire,

Signé Pagnerre.

ENTREPÔT RÉEL DES DOUANES,

À PARIS.

RÉCÉPISSÉ DES MARCHANDISES

déposées par M.

le *sous le n°*

NOMBRE, ESPÈCE et marque des colis.	MARCHANDISES. Espèce et qualité.	Quantité.

A le 184 .

Le Directeur de la Compagnie,

RÉPUBLIQUE FRANÇAISE

ENTREPÔT RÉEL DES DOUANES,

À PARIS.

MARCHANDISES NATIONALES.

Récépissé, transférable par voie d'endossement, des marchandises déposées à l'entrepôt réel des douanes, à Paris, par M.

Le directeur de la compagnie concessionnaire de l'entrepôt des douanes soussigné certifie que le dénommé ci-dessus fait déposer le sous le n° les marchandises ci-après désignées :

NOMBRE, ESPÈCE et marque des colis.	ESPÈCE, QUALITÉ ET QUANTITÉ (en toutes lettres) des marchandises.	RAPPEL en chiffres.

Vu par le receveur et le contrôleur des douanes de l'entrepôt, qui certifient l'existence dans les magasins des marchandises ci-dessus décrites.

Le Directeur de la compagnie de l'entrepôt,

Ce 184 .

Le Receveur, *Le Contrôleur,*

Vu par le directeur des douanes, à Paris, pour légalisation des signatures ci-dessus du receveur et du contrôleur.

Paris, le 184 .

ENTREPÔT RÉEL DES DOUANES,

À PARIS.

RÉCÉPISSÉ DES MARCHANDISES

déposées par M.

le *sous le n°*

NOMBRE, ESPÈCE et marque des colis.	MARCHANDISES.	
	Espèce et qualité.	Quantité.

Ce 184 .

Le Directeur de la Compagnie,

RÉPUBLIQUE FRANÇAISE.

ENTREPÔT RÉEL DES DOUANES,

À PARIS.

MARCHANDISES ÉTRANGÈRES.

Récépissé, transférable par voie d'endossement, des marchandises déposées à l'entrepôt réel des douanes, à Paris, par M.

Le directeur de la compagnie concessionnaire de l'entrepôt des douanes soussigné certifie que le dénommé ci-dessus fait déposer le sous le n° les marchandises ci-après désignées :

NOMBRE, ESPÈCE et marque des colis.	ESPÈCE, QUALITÉ ET QUANTITÉ (*en toutes lettres*) des marchandises.	RAPPEL en chiffres.

Vu par le receveur et le contrôleur des douanes de l'entrepôt, qui certifient l'existence dans les magasins des marchandises ci-dessus décrites, lesquelles sont grevées d'un droit de douane (1)...

Le Directeur de la compagnie de l'entrepôt,

Ce 184 .

Le Receveur, *Le Contrôleur,*

Vu par le directeur des douanes, à Paris, pour légalisation des signatures ci-dessus du receveur et du contrôleur.

Paris, le 184 .

(1) Indiquer la quotité du droit et l'unité de perception.

COMPTOIR D'ESCOMPTE.

24 Mars 1848.

La retenue de 5 p. o/o à opérer sur le net produit des valeurs remises à l'escompte au comptoir national sera faite sur tous les bordereaux admis, à quelque somme qu'ils s'élèvent, jusqu'à ce que le capital à fournir par le commerce et l'industrie dans le comptoir national ait été complété. C'est à tort qu'on avait annoncé que la mesure cesserait d'être appliquée après 100,000 francs de valeurs remises.

Cette mesure maintient l'égalité entre les déposants, quelle que soit l'importance des bordereaux remis par eux à l'escompte.

Le comptoir national d'escompte, d'accord avec la banque de France, vient de décider que la mesure prise de ne recevoir à l'escompte que des billets au-dessus de 300 francs pour les villes où la banque de France a des comptoirs vient d'être annulée, et qu'à l'avenir les effets sur les villes à comptoirs de la banque de France seront reçus, quelle que soit leur importance.

RÉPUBLIQUE FRANÇAISE.

Liberté, Égalité, Fraternité.

25 Mars 1848.

Le Gouvernement provisoire,

Considérant les abus du compte de retour qui pèsent sur le commerce, et qui, dans les circonstances actuelles surtout, aggraveraient ses charges,

Décrète :

Provisoirement les articles 178 et 179 du Code de commerce sont modifiés de la manière suivante :

« Art. 178. La retraite comprend, avec le bordereau détaillé et signé du tireur seulement, et transcrit au dos du titre :

« 1° Le principal du titre protesté;

« 2° Les frais de protêt et de dénonciation, s'il y a lieu;

« 3° Les intérêts de retard;

« 4° La perte de change;

« 5° Le timbre de la retraite qui sera soumise au droit fixe de 35 centimes.

« Art. 179. Le rechange se règle, pour la France continentale, uniformément comme suit :

« 1/4 p. o/o sur les chefs-lieux de département;

« 1/2 p. o/o sur les chefs-lieux d'arrondissement;

« 3/4 p. o/o sur toute autre place.

« En aucun cas, il n'y aura lieu à rechange dans le même département.

« Les changes étrangers et ceux relatifs aux possessions françaises en dehors du continent seront régis par les usages du commerce.

« Art. 180. L'exécution des articles 180, 181, 186 du code de commerce et de toute autre disposition de lois est suspendue. »

Les Membres du Gouvernement provisoire,

Dupont (de l'Eure), Lamartine, Arago, Ad. Crémieux, Ledru-Rollin, Garnier-Pagès, Armand Marrast, Marie, Louis Blanc, Flocon, Albert.

Le Secrétaire général du Gouvernement provisoire,

Signé Pagnerre.

RÉPUBLIQUE FRANÇAISE.

Liberté, Égalité, Fraternité.

25 mars.

Le Gouvernement provisoire,

Voulant venir en aide aux embarras momentanés du commerce, en diminuant les frais du protêt, les droits d'enregistrement et les émoluments attachés à chacun de ces actes,

Décrète :

ARTICLE PREMIER.

Provisoirement, et jusqu'à ce qu'il en soit autrement ordonné, le tarif actuel est modifié comme il suit:

ANCIEN TARIF.

	Émoluments.	Déboursés.	Total.
PROTÊT SIMPLE.			
Original et copie	2^{f} 00^{c}	.....	
Droit de copie de l'effet sur l'original et la copie du protêt. Transcription de l'effet et du protêt sur le répertoire	1 50	.....	6^{f} 80^{c}
Timbre du protêt	.....	0^{f} 70^{c}	
Timbre du registre des protêts	.....	0 40	
Enregistrement	.....	2 20	
PROTÊT À DEUX DOMICILES OU AVEC UN BESOIN.			
Protêt simple	.....	6 80	
Pour le second domicile ou le besoin	.....		8 80
Timbre	0 35	2 00	
Émoluments	1 65		
PROTÊT DE DEUX EFFETS.			
Le protêt simple	.....	6 80	
Copie du deuxième effet sur l'original et la copie	0 50		7 70
Transcription de l'effet sur le registre	0 25	0 90	
Papier timbré du registre	0 15		
PROTÊT DE PERQUISITION.			
Original et copie du procès-verbal et du protêt	5 00	.....	
Droit de deux copies à afficher au tribunal de commerce et au tribunal civil	2 50	.....	
Les copies du titre	1 00	.....	
Visa du parquet	1 00	.....	
Timbre de l'original et des copies au parquet et pour les affiches	.....	2 10	15 70
Enregistrement	.....	2 20	
Transcription du titre au registre	0 25	.....	
Transcription du procès-verbal de perquisition et du protêt	1 25	.....	
Papier du registre pour la transcription	.....	0 40	

NOUVEAU TARIF.

	Émoluments.	Déboursés.	Total.
PROTÊT SIMPLE.			
Original et copie	1^{f} 60^{c}	.....	
Droit de copie de l'effet sur l'original et la copie. Transcription sur le répertoire	0 75	.....	4^{f} 40^{c}
Timbre du protêt	.....	0^{f} 70^{c}	
Timbre du registre	.....	0 25	
Enregistrement	.....	1 10	
PROTÊT À DEUX DOMICILES OU AVEC BESOIN.			
Protêt simple	.....	.....	4 40
Pour le second domicile ou le besoin	1 00	.....	
Timbre	.....	0 35	1 35
			5 75
PROTÊT DE DEUX EFFETS.			
Le protêt simple	.....	.....	4 40
Émoluments pour le 2e effet	0 50	.....	
Timbre	.....	0 15	0 65
			5 05
PROTÊT DE PERQUISITION.			
Original et copie	5 00	.....	
Droit de copies	1 25	.....	
Les copies du titre	0 50	.....	
Visa	1 00	.....	
Timbre des copies	.....	1 75	11 75
Enregistrement	.....	1 10	
Transcription du titre au registre. Transcription du procès-verbal de perquisition et du protêt	0 75	.....	
Papier du registre pour la transcription		0 40	

ANCIEN TARIF.

	Émoluments.	Déboursés.	Total.
PROTÊT DU PARQUET.			
Le protêt simple	6 80	.....	
Pour une deuxième copie au parquet	0 50	.....	
Pour une troisième au tribunal	0 50	.....	
Droit de copie de l'effet sur les deuxième et troisième copies	0 50	.....	10f 35c
Vacation au visa	1 00	.....	
Timbre de la copie du parquet et de l'affiche	.....	1 05	
INTERVENTION.			
Original	2 00	.....	
Transcription au registre	0 50	.....	5 00
Papier du registre	.....	0 30	
Enregistrement	.....	2 20	
DÉNONCIATION DE PROTÊT.			
Original	2 00	.....	
Copie de l'exploit	0 50	.....	
Copie du billet	0 50	.....	
Copie du protêt	0 75	.....	7 75
Copie d'intervention	0 25	.....	
Copie de compte de retour	0 50	.....	
Timbre	.....	1 05	
Enregistrement	.....	2 20	

NOUVEAU TARIF.

	Émoluments.	Déboursés.	Total.
PROTÊT DU PARQUET.			
Le protêt simple	4 40	.....	
2e copie au parquet	0 60	.....	
3e au tribunal et droit de la copie de titre	1 50	.....	7 10
Visa	1 00		
Timbre	.....	0 70	
INTERVENTION.			
Original et copie	2 00	.....	
Transcription au registre	0 25	.....	3 5[illegible]
Papier du registre	.....	0 15	
Enregistrement	.....	1 10	
DÉNONCIATION DE PROTÊT.			
Original	2 00	.....	
Copie de l'exploit	0 50	.....	
Copie de billet Copie de protêt	0 75	.....	5 9[illegible]
Copie d'intervention	0 25	.....	
Copie de compte de retour	0 25	.....	
Timbre	.....	1 05	
Enregistrement	.....	1 10	

ART. 2.

Les actes de protêt seront désormais dressés sans assistance de témoin.

Fait à Paris, en séance du Gouvernement, à l'Hôtel de ville, le 23 mars 1848.

Les Membres du Gouvernement provisoire,

DUPONT (de l'Eure), LAMARTINE, CRÉMIEUX, GARNIER-PAGÈS, ARMAND MARRAST, MARIE, LOUIS BLANC, FLOCON, ALBERT, LEDRU-ROLLIN, ARAGO.

Le Secrétaire général du Gouvernement provisoire,

PAGNERRE.

RÉPUBLIQUE FRANÇAISE.

Liberté, Égalité, Fraternité.

25 mars 1848.

LE GOUVERNEMENT PROVISOIRE,

Considérant que le décret du 8 mars 1848 relatif aux comptoirs nationaux d'escompte ne permet à ces établissements de faire l'escompte que des valeurs revêtues de deux signatures au moins.

Que le plus grand nombre des petits commerçants, des industriels et des agriculteurs ne peuvent avoir cette seconde signature; qu'ils se trouvent ainsi privés des ressources du comptoir, n'ayant d'autres moyens de crédit qu'un actif nécessairement immobilisé entre leurs mains;

Qu'il importe de faire participer aux bienfaits du crédit, par des institutions démocratiques, tous les membres de la société qui en avaient été déshérités jusqu'à présent;

Sur la proposition du secrétaire général du Gouvernement provisoire, directeur du comptoir national d'escompte,

Décrète :

ARTICLE PREMIER.

Dans les villes où un comptoir d'escompte existera, il pourra être établi, soit par localité, soit par agrégations d'industries, des sous-comptoirs de garantie destinés à servir d'intermédiaire entre l'industrie, le commerce et l'agriculture, d'une part, et les comptoirs nationaux d'escompte, de l'autre.

ART. 2.

Les sous-comptoirs seront organisés au moyen de sociétés anonymes, dont le fonds social ne pourra être moindre de 100,000 francs, divisé en actions au porteur de 100 francs chacune. Ils seront autorisés à fonctionner, quel que soit le nombre des actions souscrites.

ART. 3.

Le directeur de ces sous-comptoirs sera nommé par le ministre des finances, et sera de droit président du conseil d'administration.

Une commission sera en outre déléguée par le comptoir de la circonscription près de ce conseil d'administration, et chargé de surveiller les opérations du sous-comptoir.

ART. 4.

Les opérations des sous-comptoirs consisteront à procurer aux commerçants, industriels et agriculteurs, soit par engagement direct, soit par aval, soit par endossement, l'escompte de leurs titres et effets de commerce auprès du comptoir principal, moyennant des sûretés données aux sous-comptoirs par voie de nantissement sur marchandises, récépissés des magasins de dépôt, titres et autres valeurs.

ART. 5.

Le fonds social des sous-comptoirs n'est pas destiné à la réalisation de l'escompte, mais seulement à garantir les opérations du sous-comptoir envers le comptoir principal.

En conséquence, tous les fonds constituant le capital social seront versés au comptoir principal, dont le sous-comptoir de garantie formera l'annexe, et portés au crédit de ce dernier et productifs d'intérêts.

ART. 6.

Les sous-comptoirs ne pourront se livrer à aucune opération, de quelque nature qu'elle soit, si ce n'est comme intermédiaires du comptoir principal, afin que l'actif des sous-comptoirs soit exclusivement affecté à la garantie des opérations admises par le comptoir principal.

ART. 7.

Pour compléter et même pour augmenter leur capital social, les sous-comptoirs seront autorisés à faire, sur chaque opération, une retenue de 5 p. o/o, qui sera portée au crédit de chaque commerçant, industriel ou agriculteur, lequel deviendra propriétaire d'une action à mesure que ces retenues auront atteint le chiffre de 100 francs.

ART. 8.

Les sous-comptoirs seront autorisés à prélever, sur le produit net des sommes procurées, 1/4 p. o/o par mois de commission, indépendamment des frais de magasinage ou autres.

ART. 9.

Par dérogation aux dispositions du Code civil relatives à l'exécution et aux effets du nantissement, les sous-comptoirs sont autorisés, huitaine après une simple mise en demeure, sans qu'il soit besoin d'aucune autorisation de justice, à faire procéder à la vente publique des marchandises données en nantissement par les officiers ministériels compétents.

ART. 10.

Tous actes qui auront pour objet de constituer les nantissements au profit des sous-comptoirs par voie de transport ou autrement, et d'établir leurs droits comme créanciers, seront enregistrés au droit fixe de 2 francs 20 centimes.

ART. 11.

Les actes de société contenant les statuts des sous-comptoirs seront dispensés de l'avis du conseil d'État et de toute formalité autre que l'inscription au *Bulletin des lois*.

Ils seront passés en présence du directeur, nommé par le ministre et enregistrés gratuitement.

ART. 12.

Les dispositions des lois antérieures ne seront pas applicables en ce qu'elles peuvent avoir de contraire au présent décret.

Le ministre des finances et le directeur du comptoir national d'escompte sont chargés de l'exécution du présent décret.

Les Membres du Gouvernement provisoire,

DUPONT (de l'Eure), *président;* LAMARTINE, LEDRU-ROLLIN, GARNIER-PAGÈS, LOUIS BLANC, ALBERT, ARAGO, FLOCON, ARMAND MARRAST, CRÉMIEUX, MARIE.

RÉPUBLIQUE FRANÇAISE.

Liberté, Égalité, Fraternité.

Du 25 mars 1848.

Rapport fait au Gouvernement provisoire par le secrétaire général directeur du comptoir national d'escompte.

Citoyens,

Le crédit privé est uni par des liens intimes au crédit public. Si l'un et l'autre sont affaiblis aujourd'hui, ce n'est pas la Révolution, constatons-le sans cesse à son honneur, qu'il faut accuser de cet affaiblissement. La confiance est la source unique du crédit. Et quelle révolution dut jamais inspirer une confiance plus grande, plus légitime que la nôtre? Tous les actes de la République, empreints de ces principes d'éternelle justice, de liberté, d'égalité et de fraternité, n'ont-ils pas été salués par les acclamations du monde entier? Ces principes ne vont-ils pas devenir la loi universelle de l'humanité? et, dès lors, qui pourrait craindre l'antagonisme entre les citoyens d'un même pays, la guerre entre les différents peuples?

Loin de porter atteinte aux valeurs publiques et privées, la Révolution les aurait consolidées, si la monarchie n'avait pas systématiquement lancé le pays dans les spéculations les plus hasardeuses, dans l'agiotage le plus honteux; si le crédit n'avait pas été constitué par elle sur des bases fausses, immorales, qui portaient en elles-mêmes les germes de sa ruine,

La Révolution a précipité l'explosion d'une crise inévitable; elle ne l'a pas causée.

Pour réparer les désastres du passé, pour assurer la prospérité de l'avenir, il faut rentrer dans les voies de moralité, il faut modifier profondément les bases mêmes du crédit.

A des institutions fondées sur des intérêts égoïstes, au profit exclusif d'un petit nombre de privilégiés, il faut substituer des institutions fondées sur les intérêts de tous, au profit de tous, c'est-à-dire des institutions démocratiques qui généralisent, qui républicanisent le crédit.

Ces institutions, le Gouvernement provisoire les a créées en grande partie, non pas seulement comme des expédients accidentels nés des nécessités du moment, mais encore comme se rattachant à un système normal destiné à répondre à tous les besoins de l'avenir.

Les mesures relatives à la banque de France et aux banques départementales, l'établissement d'un comptoir national d'escompte à Paris, modèle d'établissements semblables dans les départements, et la création de magasins de dépôt, tendent déjà à assurer à la haute industrie et au commerce intermédiaire tous les bienfaits du crédit.

Le projet de décret que nous vous présentons, Citoyens, entre naturellement dans l'ensemble du système républicain en matière de crédit industriel. Il crée, sur tous les points du territoire des sous-comptoirs de garantie, qui portent les facilités de l'escompte jusque dans les plus faibles régions de la vie industrielle, commerciale et agricole. Désormais tous les intérêts, toutes les positions, tous les commerçants, tous les industriels, tous les travailleurs, participeront également aux avantages sociaux. Aucune espèce de valeur, quelque minime qu'elle soit, ne restera stagnante et improductive; elles entreront toutes sans exception, par des signes représentatifs, dans la circulation générale, qui, ravivée par tant de sources nouvelles, redonnera bientôt à toutes les transactions une immense et féconde activité.

Le Secrétaire général du Gouvernement provisoire,
directeur du comptoir national d'escompte,
PAGNERRE.

Le membre du Gouvernement provisoire ministre des finances,

Vu le décret du Gouvernement provisoire sur les établissements tontiniers,

ARRÊTE :

ARTICLE UNIQUE.

Les arrérages et annuités perçus jusqu'à ce jour et qui n'auraient pas été convertis en rentes, et ceux à percevoir à partir de ce jour, seront provisoirement versés au Trésor public, sous la garantie de l'État.

Paris, le 24 mars 1848.

Le Membre du Gouvernement provisoire, ministre des finances,
GARNIER-PAGÈS.

RÉPUBLIQUE FRANÇAISE.

Liberté, Égalité, Fraternité.

Du 25 mars 1848.

LE GOUVERNEMENT PROVISOIRE,

Vu le décret du 15 mars, dispensant la banque de France de l'obligation de rembourser ses billets avec des espèces, et ordonnant qu'ils seront reçus comme monnaie légale par les caisses publiques et les particuliers ;

Considérant que la mesure prise pour empêcher l'épuisement de la réserve métallique de la banque de France doit être étendue, par les mêmes motifs, aux banques départementales ;

Attendu que, loin de permettre la suspension ou la restriction des escomptes des banques départementales, le Gouvernement de la République doit donner à ces établissements les moyens de fournir à l'industrie et au commerce de puissants instruments de crédit, et de faciliter aux comptoirs nationaux d'escompte le renouvellement de leur capital ;

Attendu que la limitation formellement stipulée des émissions donne au public toute la sécurité désirable,

DÉCRÈTE :

ARTICLE PREMIER.

A partir du jour de la publication du présent décret, les billets des banques de Lyon, Rouen, Bordeaux, Nantes, Lille, Marseille, le Havre, Toulouse et Orléans, seront reçus comme monnaie légale, par les caisses publiques et par les particuliers, dans la circonscription du département où chacun de ces établissements a son siége.

ART. 2.

Jusqu'à nouvel ordre, les mêmes banques sont dispensées de l'obligation de rembourser leurs billets avec des espèces.

ART. 3.

En aucun cas le chiffre des émissions de chacune de ces banques ne pourra dépasser les limites ci-dessous fixées :

Pour la banque de Lyon, 20 millions de francs;
Pour la banque de Rouen, 15 millions;
Pour la banque de Bordeaux, 22 millions;
Pour la banque de Nantes, 6 millions;
Pour la banque de Lille, 5 millions;
Pour la banque de Marseille, 20 millions;
Pour la banque du Havre, 6 millions;
Pour la banque de Toulouse, 5 millions;
Pour la banque d'Orléans, 3 millions.

ART. 4.

Pour faciliter la circulation, les banques départementales sont autorisées à émettre des coupures de cent francs.

Pour la confection de ces coupures, il n'est point dérogé à l'article 31 de la loi du 22 germinal an XI.

ART. 5.

Les banques départementales sont autorisées exceptionnellement, en faveur des comptoirs nationaux d'escompte, à admettre les effets sur place qui leur seraient remis par ces établissements.

ART. 6.

Les banques départementales adresseront deux fois par semaine le compte de leur situation au ministre des finances et au ministre de l'agriculture et du commerce.

ART. 7.

Les ministres des finances et de l'agriculture et du commerce sont chargés de l'exécution du présent décret.

Fait à Paris, en conseil de Gouvernement, le 25 mars 1848.

Les Membres du Gouvernement provisoire,

DUPONT (de l'Eure), LAMARTINE, ARAGO, AD. CRÉMIEUX, LEDRU-ROLLIN, GARNIER-PAGÈS, MARIE, ARMAND MARRAST, LOUIS BLANC, ALBERT, FLOCON.

CAISSE D'ÉPARGNE DE PARIS.

Du 26 mars 1848.

AVIS.

Beaucoup de personnes mal informées propagent une grave erreur qu'il importe de détruire; elles supposent que les fonds confiés à l'État par les caisses d'épargne en exécution des lois en vigueur ne sont représentés par aucune sorte de valeurs. Le contraire résulte formellement du rapport présenté au Gouvernement provisoire par M. Garnier-Pagès, ministre des finances, le 9 mars 1848. Ce rapport constate que la propriété des déposants se composait à cette date de la manière suivante :

Au trésor, en compte courant, à 4 p. 0/0	65,703,620f 40c
En rentes 5 p. 0/0 ayant coûté	34,106,135 25
En rentes 4 p. 0/0, ayant coûté	202,316,175 00
En rentes 3 p. 0/0, ayant coûté	34,084,447 92
En actions des quatre canaux, ayant coûté	14,059,120 00
En actions des trois canaux, ayant coûté	4,818,218 75
	355,087,717 32

Ainsi *les inscriptions de rentes et autres valeurs* représentatives de l'avoir des caisses d'épargne sont le gage certain, matériel, de leur créance, et se trouvent *déposées depuis plusieurs années* À LA CAISSE DES DÉPÔTS ET CONSIGNATIONS, chargée d'administrer les fonds de ces établissements en vertu de la loi du 31 mars 1837, et de celle du 22 juin 1845.

Par son décret du 9 mars 1848, le Gouvernement provisoire ne s'est pas contenté de proclamer qu'il respectait ce gage d'une propriété sacrée; il a en outre placé les caisses d'épargne sous la garantie de la loyauté nationale, et il a enfin augmenté de

1 p. o/o, à partir du 10 mars 1848, l'intérêt des sommes versées aux caisses d'épargne, à quelque époque qu'elles y aient été déposées.

Du 26 mars 1848.

La circulaire suivante a été adressée, par le membre du Gouvernement provisoire ministre des finances, aux commissaires du Gouvernement dans les départements :

Paris, le 24 mars 1848.

Le Gouvernement provisoire, en provoquant la création, dans tous les centres de commerce et de production, de comptoirs nationaux d'escompte fondés au moyen de souscriptions particulières, de la garantie des villes, des fonds et de la garantie du Trésor, a eu en vue d'étendre sur la France entière les facilités du crédit, par l'association de tous les intérêts, de toutes les forces, de tous les dévouements. C'est une pensée féconde que les circonstances actuelles nous pressent de réaliser. Pour y parvenir je compte sur votre concours le plus actif. Le commerce et l'industrie souffrent; on ne saurait trop se hâter de les secourir.

Dans les villes commerciales et manufacturières de votre département les plus importantes, un comptoir national d'escompte est indispensable; vous vous occuperez d'urgence d'en activer la formation, en faisant appel aux négociants, aux capitalistes, aux propriétaires, ainsi qu'aux autorités communales et aux tribunaux de commerce. Vous vous mettrez aussi en rapport avec les chambres de commerce et des manufactures, auxquelles mon collègue, M. le ministre de l'agriculture et du commerce, écrit, pour réclamer leur coopération efficace, une lettre qui renferme toutes les instructions nécessaires pour l'organisation de ces sociétés, et dont je vous remets ci-joint une copie.

Je vous recommande d'user de toute votre influence pour faire comprendre aux personnes intéressées au rétablissement de la confiance dans les transactions et au maintien de la tranquillité publique, l'indispensable nécessité de leur participation à la création des comptoirs.

D'un autre côté, vous ne manquerez pas de représenter aux

intérêts locaux que le fonds de 60 millions mis à ma disposition, sur le nouvel impôt des 45 centimes additionnels, pour accroître par des prêts subventionnels les ressources des comptoirs, ne pourra être employé qu'en faveur des villes qui auront commencé à s'aider elles-mêmes, et que la part attribuée à chacune d'elles sera naturellement en rapport avec le capital qu'elles auront su réunir.

Vous aurez soin, enfin, de porter à la connaissance du public que les ressources pécuniaires des comptoirs nationaux d'escompte ne sont nullement la mesure des services qu'ils pourront rendre au commerce, attendu que,

1° Ceux qui existeront dans des villes où se trouvent déjà, soit des comptoirs de la banque de France, soit des banques locales, auront, en faisant réescompter leur portefeuille par ces établissements, les moyens de renouveler continuellement leur capital;

2° Ceux qui seront créés dans les villes où il n'existe point aujourd'hui d'institutions de crédit, auront la faculté,

Pour le papier sur Paris, de le faire réescompter soit à la banque de France, soit à une de ses succursales;

Pour le papier sur place, de le faire réescompter par la banque locale ou le comptoir d'escompte le plus voisin.

Si, malgré la puissance de ces considérations, la liste des souscriptions n'arrivait pas à former un capital suffisant, vous aurez à examiner, avec le conseil d'administration, si ce capital pourrait être complété au moyen de retenues qui seraient opérées pendant les premiers mois sur les bordereaux acceptés, et dont le montant serait converti en actions au nom des présentateurs, en tenant compte à ceux-ci, toutefois, des sommes qu'ils pourraient déjà avoir souscrites.

Il me reste à vous prier de me faire connaître votre opinion sur les candidats qui seront présentés à ma nomination pour les fonctions de directeur, et de m'informer, dans le plus bref délai, de tous les résultats que vous aurez obtenus pour la fondation des comptoirs d'escompte.

Je vous transmets ci-annexée une ampliation des décrets relatifs à ces établissements, accompagnée d'un modèle des statuts indiquant les bases sur lesquelles ils doivent être constitués.

Agréez, monsieur le commissaire, l'assurance de ma parfaite considération.

GARNIER-PAGÈS.

Pour ampliation :

Le Secrétaire général du ministère des finances,

GUILLEMOT.

RÉPUBLIQUE FRANÇAISE.

Liberté, Égalité, Fraternité.

Du 27 mars 1848.

LE GOUVERNEMENT PROVISOIRE,

Vu la loi du 28 avril 1816, portant création de la caisse d'amortissement et de la caisse des dépôts et consignations ;

Vu spécialement les articles 99 et 111 de ladite loi, aux termes desquels a été instituée la commission de surveillance de ces deux établissements ;

Considérant qu'en l'état des choses ce n'est que par le ministre des finances, et sous sa responsabilité, que peut être régulièrement exercée la surveillance des opérations de la caisse d'amortissement et de la caisse des dépôts et consignations,

DÉCRÈTE ce qui suit :

ARTICLE PREMIER.

La commission de surveillance de la caisse d'amortissement et de la caisse des dépôts et consignations est supprimée.

ART. 2.

Le ministre des finances aura dans ses attributions la surveillance précédemment exercée sur les deux établissements par la commission spéciale supprimée.

ART. 3.

Les dispositions des lois et ordonnances antérieures sont abrogées en ce qu'elles auraient de contraire au présent décret.

Fait en conseil de Gouvernement, le 25 mars 1848.

Les Membres du Gouvernement provisoire,

DUPONT (de l'Eure), LAMARTINE, ARAGO, FLOCON, LEDRU-ROLLIN, GARNIER-PAGÈS, ARMAND MARRAST, LOUIS BLANC, ALBERT, CRÉMIEUX.

Le Secrétaire général du Gouvernement provisoire,

PAGNERRE.

RÉPUBLIQUE FRANÇAISE.

Liberté, Égalité, Fraternité.

Du 27 mars 1848.

Le membre du Gouvernement provisoire ministre des finances,

Vu le décret du Gouvernement provisoire en date du 21 mars, portant qu'il sera établi des magasins où les négociants et industriels pourront déposer leurs matières premières, marchandises et objets fabriqués en échange de récépissés transmissibles par endossement;

Vu le décret de ce jour, autorisant la banque de France à accepter les récépissés des magasins publics comme troisième signature;

Considérant que le but de cette mesure est de mobiliser la valeur desdites marchandises, de la convertir en titres négociables et admissibles dans les établissements de crédit, et de faciliter les prêts sur nantissements;

Voulant assurer l'exécution dudit décret,

Arrête :

ARTICLE PREMIER.

Dans toutes les villes où, en exécution du décret du 21 mars, il aura été établi des magasins généraux agréés par l'État, les négociants, commerçants et industriels pourront y déposer les matières premières, marchandises et objets fabriqués dont ils seront propriétaires, en se conformant aux règlements de service intérieur desdits magasins.

Ces établissements seront placés sous la surveillance d'un délégué du ministre des finances.

ART. 2.

Lesdites marchandises, spécifiées dans un bordereau de dépôt, devront être de qualité loyale et marchande.

Elles seront assurées contre l'incendie.

ART. 3.

Les marchandises déposées seront inscrites sur un registre spécial indiquant la date du dépôt, le nom et le domicile du déposant, l'espèce et la quantité des marchandises.

ART. 4.

Des experts choisis par la chambre de commerce, le conseil municipal ou la chambre consultative des arts et manufactures, parmi les négociants et assistés d'un courtier de commerce ou d'un commissaire priseur, détermineront, au cours du jour, la valeur vénale des marchandises déposées.

Le procès-verbal d'estimation, signé par les experts et par l'officier public, restera annexé au bordereau de dépôt; et la valeur constatée sera inscrite au registre spécial mentionné dans l'article qui précède.

Il sera alloué à l'officier public qui interviendra une simple vacation de 3 francs.

ART. 5.

Un récépissé des marchandises déposées sera remis au déposant.

Ce récépissé, passible d'un droit fixe de 1 fr. 10 cent., sera extrait d'un registre à souche; il exprimera :

La date du dépôt;

Le nom et le domicile du déposant;

L'espèce et la quantité, taxe déduite, de la marchandise;

La valeur mentionnée au procès-verbal d'estimation;

Et le montant des droits de douane, d'octroi ou autres dont elle peut être passible;

Les marchandises déposées pourront, à la demande du déposant, être divisées en plusieurs lots, pour chacun desquels il sera délivré un récépissé distinct.

ART. 6.

Les récépissés des marchandises déposées seront transmissibles par voie d'endossement.

L'administration des magasins sera tenue de représenter les marchandises à toute réquisition du titulaire porteur du récépissé.

ART. 7.

Toute personne qui voudra prêter sur des marchandises déposées sera valablement saisie du privilége de nantissement par le transfert du récépissé à son ordre, et par la mention dudit transfert sur le registre du magasin avec indication de la somme prêtée.

Cette mention devra aussi être opérée dans le cas d'endossement pour transmission de la propriété des marchandises.

ART. 8.

Les comptoirs nationaux d'escompte pourront admettre, comme seconde signature, le récépissé joint à un billet à ordre. Ce billet devra faire mention du récépissé.

L'appréciation de la somme à avancer sur le récépissé sera faite par le comptoir d'escompte; la durée du prêt ne pourra excéder quatre-vingt-dix jours.

ART. 9.

La banque de France et ses comptoirs, ainsi que les banques départementales, pourront admettre les récépissés comme troisième signature.

ART. 10.

L'emprunteur pourra toujours rentrer en possession du récépissé en remboursant le montant du prêt au cessionnaire porteur.

Dans ce cas, celui-ci tiendra compte à l'emprunteur des intérêts à courir depuis le jour du remboursement jusqu'à l'échéance du prêt, sous déduction de l'intérêt de dix jours.

ART. 11.

A défaut de payement à l'échéance, le cessionnaire porteur du récépissé pourra exercer son recours contre l'emprunteur et les endosseurs, ou sur la marchandise déposée. Dans ce dernier cas, le président du tribunal de commerce, sur la simple production de l'acte de protêt, ordonnera la vente de la marchandise aux enchères.

Paris, le 26 mars 1848.

Le Membre du Gouvernement provisoire
Ministre des finances,
GARNIER-PAGÈS.

RÉPUBLIQUE FRANÇAISE.

Liberté, Égalité, Fraternité.

Du 27 mars 1848.

Le membre du Gouvernement provisoire ministre des finances,

ARRÊTE :

Le citoyen Henri d'Artigues est chargé de l'organisation et de la surveillance des magasins généraux institués par le décret du 21 mars.

Il prendra le titre de délégué du ministre des finances.

Sur la demande du citoyen d'Artigues, ses fonctions seront gratuites.

Paris, le 26 mars 1848.

Le Membre du Gouvernement provisoire, Ministre des finances,
GARNIER-PAGÈS.

RÉPUBLIQUE FRANÇAISE.

Liberté, Égalité, Fraternité.

Du 29 mars 1848.

AU NOM DU PEUPLE FRANÇAIS.

LE GOUVERNEMENT PROVISOIRE,

Vu l'arrêté du 1er mars courant, relatif à l'administration des biens de l'ancienne liste civile;

Vu celui du 5 du même mois, portant création d'une commission de liquidation pour les mêmes biens;

Considérant que l'ancienne liste civile ayant cessé d'exister, les bois et forêts précédemment affectés à ce service sont rentrés dans la même situation que les autres forêts de l'État;

Que dès lors il y a lieu de les soumettre au même régime et à la même administration,

ARRÊTE :

ARTICLE PREMIER.

Les bois et forêts qui faisaient partie des biens de l'ancienne liste civile seront remis immédiatement à l'administration des forêts de l'État, pour être régis et administrés dans les mêmes formes et d'après les lois ou règlements qui concernent les autres forêts nationales.

Fait à Paris, le 27 mars 1848, en conseil de Gouvernement.

Les Membres du Gouvernement provisoire,

DUPONT (de l'Eure), ARAGO, ALBERT, LEDRU-ROLLIN, ARMAND MARRAST, CRÉMIEUX, MARIE, LOUIS BLANC, GARNIER-PAGÈS, LAMARTINE, FLOCON.

Le Secrétaire général du Gouvernement provisoire,
PAGNERRE.

RÉPUBLIQUE FRANÇAISE.

Liberté, Égalité, Fraternité.

Du 30 mars 1848.

AU NOM DU PEUPLE FRANÇAIS.

LE GOUVERNEMENT PROVISOIRE,

Vu le décret du 16 mars 1848,

DÉCRÈTE :

ARTICLE PREMIER.

La prorogation de six mois à laquelle sont soumis les remboursements des bons du Trésor créés antérieurement au 24 février 1848, et non convertis encore en rentes 5 p o/o est applicable aux endosseurs de ces bons, et par conséquent les droits des détenteurs contre les endosseurs ne peuvent s'exercer pendant la durée de ladite prorogation.

ART. 2.

Après le payement des intérêts attachés à chaque bon, celui-ci sera frappé d'une estampille portant ces mots : Renouvellement en capital pour six mois à 5 p. o/o.

Les endossements successifs seront ainsi conservés sur le bon estampillé, qui restera transmissible par voie de nouvel endossement.

ART. 3.

Le membre du Gouvernement provisoire, ministre des finances, est chargé de l'exécution du présent décret.

Fait à Paris, en conseil de Gouvernement, le 28 mars 1848.

Les Membres du Gouvernement provisoire,

DUPONT (de l'Eure), ALBERT, ARAGO, CRÉMIEUX, FLOCON, GARNIER-PAGÈS, LAMARTINE, LEDRU-ROLLIN, MARIE, LOUIS BLANC, ARMAND MARRAST.

Le Secrétaire général du Gouvernement provisoire,

PAGNERRE.

RÉPUBLIQUE FRANÇAISE.

Liberté, Égalité, Fraternité.

Du 1er avril 1848.

AU NOM DU PEUPLE FRANÇAIS.

LE GOUVERNEMENT PROVISOIRE ARRÊTE :

La ville de Lyon (Rhône) est autorisée à emprunter, soit avec publicité et concurrence, soit directement à la caisse des dépôts et consignations, à un intérêt qui ne pourra dépasser 5 p. o/o, une somme de 600,000 francs, destinée à pourvoir aux frais de construction à Perrache, et près de l'abattoir, de bâtiments à usage d'échaudoirs et de séchoirs, ainsi que d'un marché aux bestiaux.

Cet emprunt sera remboursé en douze ans, par douzièmes, à partir de la troisième année après sa réalisation, au moyen du produit des droits de séjour des bestiaux dans le marché, et de ceux provenant de l'abatage des porcs.

Fait en conseil de Gouvernement, le 31 mars 1848.

Les Membres du Gouvernement provisoire,

DUPONT (de l'Eure), LAMARTINE, CRÉMIEUX, GARNIER-PAGÈS, ARMAND MARRAST, LOUIS BLANC, ALBERT, FLOCON, LEDRU-ROLLIN, MARIE.

Le Secrétaire général du Gouvernement provisoire,

PAGNERRE.

RÉPUBLIQUE FRANÇAISE.

Liberté, Égalité, Fraternité.

Du 30 mars 1848.

AU NOM DU PEUPLE FRANÇAIS.

Décret interprétatif du décret du 23 mars 1848.

LE GOUVERNEMENT PROVISOIRE de la République française,

Vu le décret du 23 mars présent mois, relatif à la diminution des frais de protêt et à la modification des formalités de cet acte;

Considérant que dès le 25, jour de son insertion au *Moniteur universel* et avant la promulgation au *Bulletin des lois*, ce décret a été généralement exécuté, et par la diminution des frais et par la suppression des témoins antérieurement prescrits par la loi; qu'il importe que cet empressement à s'associer aux vues qui ont dicté le décret ne puisse en aucun cas devenir l'occasion de discussions judiciaires que pourrait susciter l'intérêt privé;

Sur le rapport du ministre de la justice,

DÉCRÈTE :

Le décret du 23 mars dernier, relatif à la diminution des frais de protêt, droit d'enregistrement et émoluments attachés à chacun de ces actes, et à la modification des formalités antérieurement prescrites, a pu être régulièrement exécuté dès le 25 mars courant, jour de sa publication au *Moniteur universel, journal officiel de la République.*

Fait en conseil de Gouvernement, le 29 mars 1848.

Les Membres du Gouvernement provisoire,

DUPONT (de l'Eure), LAMARTINE, ALBERT, MARIE, GARNIER-PAGÈS, LEDRU-ROLLIN, ARAGO, A. CRÉMIEUX, LOUIS BLANC, FERDINAND FLOCON, ARMAND MARRAST.

Le Secrétaire général du Gouvernement provisoire,

PAGNERRE.

RÉPUBLIQUE FRANÇAISE.

Liberté, Égalité, Fraternité.

Du 30 mars 1848.

AU NOM DU PEUPLE FRANÇAIS.

LE GOUVERNEMENT PROVISOIRE,

Vu le décret du 1er mars courant, qui a prorogé de dix jours l'échéance des effets de commerce depuis le 22 février jusqu'au 25 mars présent mois;

Vu l'article 165 du Code de commerce;

Considérant que le délai ordinaire de quinze jours, accordé au porteur pour exercer son recours par voie de dénonciation, est insuffisant dans les circonstances actuelles;

Que, d'ailleurs, il est utile d'accorder aux endosseurs toute la latitude possible pour effectuer sans frais les remboursements qui pèsent sur eux;

Sur le rapport du ministre de la justice,

DÉCRÈTE :

Provisoirement, jusqu'à ce qu'il en soit autrement ordonné,

Le délai de quinze jours accordé aux porteurs d'effets de commerce est prorogé de quinze jours, non compris les délais de distance.

Sont valables tous recours et actes conservatoires qui auraient été faits antérieurement, conformément aux lois existantes.

Fait en conseil de Gouvernement, le 29 mars 1848, à Paris.

Les Membres du Gouvernement provisoire,

DUPONT (de l'Eure), ARMAND MARRAST, GARNIER-PAGÈS, ARAGO, ALBERT, MARIE, CRÉMIEUX, LOUIS BLANC, LEDRU-ROLLIN, FLOCON, LAMARTINE,

Le Secrétaire général du Gouvernement provisoire,

PAGNERRE.

RÉPUBLIQUE FRANÇAISE.

Liberté, Égalité, Fraternité.

Du 1er avril 1848.

Rapport fait au Gouvernement de la République sur la suppression des exercices dans les débits de boissons, par le Membre du Gouvernement provisoire, ministre des finances.

Citoyens,

Quelques-unes de nos institutions fiscales sont incompatibles avec le nouvel ordre politique et social. Vous l'avez compris, lorsque vous avez décrété le prochain établissement d'un impôt sur le revenu, la prochaine abolition de l'impôt du sel, la réduction et l'uniformité des taxes postales, lorsqu'enfin vous avez aboli le timbre sur les écrits périodiques.

Mais, de toutes les inventions du vieil esprit fiscal, celle qui blesse le plus profondément la justice et la dignité humaine, celle qui fomente le plus d'irritations, qui charge de plus d'entraves le travail industriel, c'est sans contredit la perception des droits de circulation et de détail sur les boissons.

L'exercice est fils de la réaction impériale. Il date de cette époque brillante et néfaste où le génie, égaré par l'orgueil, perdait la Révolution en conquérant l'Europe.

Sur les débris de l'empire, la restauration s'établit aux cris de : *Plus de droits réunis!* Promesse mensongère! Sous un nom nouveau, la vieille iniquité subsiste. L'exercice continue de sévir avec son cortége de haines, de surveillance vexatoire et d'humiliations.

En 1830, nouvelles espérances, nouvelles promesses, nouvelles déceptions. Après dix-huit années d'une administration qui pouvait être toute-puissante pour le bien, nous retrouvons l'exercice debout, en butte à des haines ardentes, excessives peut-être, mais au fond légitimes.

J'estime, citoyens, qu'il n'est ni juste ni possible de maintenir plus longtemps cette forme de l'impôt. En conséquence, après avoir entendu les délégués du commerce des boissons, après une étude attentive des intérêts du public et de ceux du Trésor, je vous propose de décréter dès à présent que l'exercice est aboli dans toute l'étendue de la République.

Voici, en peu de mots, l'économie du décret que j'ai l'honneur de vous soumettre à cet égard :

1° Dégagé de ses formes vexatoires et irritantes, l'ancien impôt sur les boissons sera remplacé par un droit général de consommation sur les vins, cidres, poirés et hydromels expédiés, soit aux débitants, soit aux consommateurs. Les uns et les autres acquitteront également le droit de consommation actuellement établi sur les alcools.

2° Le tarif de ce dernier droit et celui des vins, qui varie selon les circonscriptions territoriales, est accepté, tel que je l'ai établi, par les délégués du commerce des boissons.

3° Les liqueurs en cercles ou en bouteilles étaient imposées comme alcool pur; elles ne le seront plus qu'à raison de 35 p. o/o de leur volume.

4° Le payement du droit de consommation aura lieu indifféremment au départ ou à l'arrivée.

5° Des mesures efficaces, mais nullement blessantes, seront prescrites pour atteindre les boissons que les propriétaires récoltants voudront vendre en détail. Ces propriétaires faisant concurrence aux débitants, il est juste qu'ils aient à supporter les mêmes charges qu'eux.

6° Lorsque les conseils municipaux le désireront, ils pourront obtenir la suppression des formalités de la circulation dans l'intérieur des communes ayant un octroi, et, dans ce cas, les débitants pourront être assimilés aux marchands en gros.

7° Pour faciliter aux débitants le payement des droits et leur réserver la faculté de vendre en gros, l'entrepôt leur est accordé sous certaines conditions.

Maintenant, citoyens, quels seront, sous le rapport financier, industriel, commercial et moral, les résultats de la mesure que je vous soumets?

Directement, il y a perte pour le Trésor. Mais je pense que cette perte sera jusqu'à un certain point compensée par la diminution des frais de perception, par l'accroissement de la consommation, et surtout par la diminution forcée de la contrebande.

Je dis *forcée*, parce que désormais la fraude serait sans excuse. Lorsqu'un Gouvernement donne à une classe de citoyens une si haute preuve de confiance, il a le droit de compter sur un concours loyal et de l'exiger. Je vous propose en conséquence, de décréter qu'à l'avenir la fraude, en ce qui concerne les boissons, sera assimilée au vol et punie des mêmes peines.

Au point de vue industriel et commercial, tout le monde sait que l'alcool sert de base à une grande variété de préparations chimiques. Sous l'empire des anciens droits, ces applications étaient environnées de difficultés presque insurmontables, de véritables impossibilités. Votre décret les fera disparaître et ouvrira un vaste champ aux combinaisons du génie industriel.

Enfin, au point de vue de l'humanité et de la morale, vous aurez fait une grande chose. Le vin que boivent aujourd'hui les classes pauvres est un poison. La source principale des maux qui les déciment, c'est l'alcool, à l'aide duquel les infortunés soldats de l'industrie s'efforcent de ranimer leurs forces affaiblies par la misère. De la misère sort la maladie, qui à son tour perpétue la misère; et de là, le découragement, l'abandon de soi-même, et quelquefois la démoralisation. Or, en supprimant l'exercice, vous aurez enlevé à la fraude tout prétexte, toute excuse. Le commerce des vins étant désormais libre de ses vieilles entraves, toute falsification constituerait un crime; ce serait la spéculation du meurtre! Décrétez donc l'abolition de ce déplorable impôt, citoyens, et l'industrie, le commerce honnête, l'humanité, la morale devront à votre active sollicitude cet immense bienfait qu'elles réclament en vain depuis quarante ans, que la République seule pouvait leur procurer.

Paris, le 31 mars 1848.

Le Membre du Gouvernement provisoire, Ministre des finances,

GARNIER-PAGÈS.

Le Sous-Secrétaire d'État,

E. DUCLERC.

DÉCRET.

Le Gouvernement provisoire,

Considérant que le mode actuel de perception du droit sur les boissons est éminemment vexatoire et onéreux ;

Considérant que l'exercice est attentatoire à la dignité des citoyens qui s'adonnent au commerce des boissons ;

Considérant que la forme injurieuse de cet impôt constitue une excitation perpétuelle et comme une excuse à la fraude ;

Considérant qu'il en résulte les plus graves dommages pour le commerce, pour l'industrie, pour la santé des travailleurs, et même pour leur vie ;

Considérant que cette forme d'impôt, léguée à la République par les trois derniers gouvernements contre-révolutionnaires, est incompatible avec les nouvelles institutions politiques et sociales que la France veut fonder et maintenir ;

Voulant introduire l'esprit de justice jusque dans la fiscalité,

Décrète :

ARTICLE PREMIER.

A partir du 15 avril prochain, sera supprimée la perception des droits de circulation et de détail sur les vins, cidres, poirés et hydromels, ainsi que celle du droit de détail sur les alcools, esprits et liqueurs.

En conséquence, les exercices cesseront d'avoir lieu dans le débit des boissons.

ART. 2.

A la même époque, il sera perçu en remplacement, et conformément au tarif ci-annexé, un droit général de consommation sur les vins, cidres, poirés et hydromels, ainsi que sur l'alcool pur contenu dans les eaux-de-vie, esprits et liqueurs à destination tant des débitants que des consommateurs.

ART. 3.

Les liqueurs en cercle ou en bouteille seront imposées comme alcool pur, à raison de trente-cinq pour cent de leur volume.

ART. 4.

Le droit de consommation sera payable à l'enlèvement des boissons ou à leur arrivée à destination.

Dans le premier cas, le déclarant sera tenu de se munir d'un congé, et, dans le second, d'un acquit-à-caution.

ART. 5.

Toutes les formalités à la circulation des boissons actuellement existantes sont maintenues pour assurer la perception du droit de consommation.

ART. 6.

A l'avenir, la fraude, en matière de boissons, sera assimilée au vol et passible des mêmes peines.

ART. 7.

Les propriétaires qui voudront vendre en détail des boissons provenant de leur récolte seront tenus d'en faire préalablement la déclaration au bureau de la régie, et de faire connaître les quantités qu'ils auront en leur possession.

Ces boissons seront inventoriées, et il sera procédé à des récolements pour constater les quantités vendues et les soumettre aux droits généraux de consommation.

Il sera fait sur les quantités vendues une déduction de cinq pour cent pour consommation de famille, ouillage et coulage.

ART. 8.

Dans les communes ayant un octroi dont la perception est faite aux entrées, le conseil municipal pourra demander que les formalités à la circulation soient supprimées dans l'intérieur, et que la perception des droits d'entrée et de consommation soit faite cumulativement aux entrées avec celles de l'octroi.

Dans ce cas, les débitants de boissons qui réclament l'entrepôt seront soumis aux mêmes visites et vérifications que les marchands en gros.

ART. 9.

Les débitants de boissons qui voudraient n'acquitter le droit de consommation qu'après la vente pourront obtenir l'entrepôt.

Dans ce cas, il sera tenu par les employés un compte d'ordre d'entrées et de sorties dont la balance, lors des recensements et inventaires, fera connaître les quantités à soumettre aux droits.

Il sera fait déduction sur ces quantités de 3 p. o/o de consommation de famille.

ART. 10.

Sont abrogées toutes dispositions des lois, ordonnances et règlements antérieurs contraires à celles du présent décret.

ART. 11.

Au moment où sera mise en vigueur la perception du nouveau droit général de consommation, les comptes des marchands en gros, débitants, bouilleurs, distillateurs, liquoristes et entrepositaires, seront réglés et arrêtés, et les droits dus seront acquittés d'après les tarifs actuels.

Les quantités restantes seront assujetties immédiatement aux droits généraux de consommation, à moins que le redevable ne réclame l'entrepôt.

ART. 12.

Le ministre des finances est chargé de l'exécution du présent décret, qui sera inséré au *Bulletin des lois*.

Fait en conseil de Gouvernement, le 31 mars 1848.

Les Membres du Gouvernement provisoire,

Signé DUPONT (de l'Eure), LAMARTINE, ARAGO, FLOCON, LEDRU-ROLLIN, GARNIER-PAGÈS, ARMAND MARRAST, LOUIS BLANC, ALBERT, AD. CRÉMIEUX, MARIE.

Le Secrétaire général du Gouvernement provisoire,
PAGNERRE.

TARIF du droit général de consommation.

(Annexé au décret du 31 mars 1848.)

	TAXE PAR HECTOLITRE (en principal).					
	Vins en cercles et en bouteilles, à destination des départements.				Cidres, poirés et hydromels.	Alcool pur contenu dans les eaux-de-vie et esprits en cercles; eaux-de-vie et esprits en bouteille; liqueurs et fruits à l'eau-de-vie.
	1re classe.	2e classe.	3e classe.	4e classe.		
Droit général de consommation............	1f 25c	2f 50c	3f 50c	5f 00c	1f 25c	34f 00c

Les classes des départements sont les mêmes que celles qui sont fixées dans le tableau annexé à la loi du 12 décembre 1830.

Approuvé :

Le Membre du Gouvernement provisoire, Ministre des finances,

GARNIER-PAGÈS.

RÉPUBLIQUE FRANÇAISE.

Liberté, Égalité, Fraternité.

Du 2 avril 1848.

AU NOM DU PEUPLE FRANÇAIS.

Le membre du Gouvernement provisoire ministre des finances,

Vu le décret du 7 mars 1848, relatif à l'organisation des comptoirs nationaux d'escompte,

ARRÊTE :

M. Aimé d'Artigues est spécialement chargé de l'organisation des comptoirs nationaux d'escompte dans les départements.

M. Aimé d'Artigues prendra le titre de délégué du ministre des finances pour l'organisation des comptoirs nationaux d'escompte.

Il travaillera directement avec le ministre et le sous-secrétaire d'état.

Paris, le 1er avril 1848.

Le Membre du Gouvernement provisoire
Ministre des finances,

GARNIER-PAGÈS.

COMPTOIR NATIONAL D'ESCOMPTE.

Du 2 avril 1848.

Le comptoir national d'escompte a commencé ses opérations le 20 mars.

En onze jours, 22,281 effets sur Paris ou sur les villes dans lesquelles il y a un comptoir de la banque de France, s'élevant à 11,145,523 francs, ont été admis à l'escompte. Ils ont été présentés par 4,070 industriels ou commerçants.

7,806 effets sur la province, présentés par 320 commerçants, ont été déposés à l'encaissement pour la somme de 2,256,644 francs.

Dans la seule journée du 30 mars, plus de 1,200 personnes ont été admises à l'escompte pour une somme de près de 2 millions de francs.

Le nombre des actions souscrites, sans y comprendre le montant de la retenue de 5 p. 0/0 destinée à compléter le capital, s'élève à 6,267, soit 3,133,500 francs.

RÉPUBLIQUE FRANÇAISE.

Liberté, Égalité, Fraternité.

Du 3 avril 1848.

AU NOM DU PEUPLE FRANÇAIS.

Le membre du Gouvernement provisoire ministre des finances,

Vu le décret du 21 mars dernier et les arrêtés des 21 et 26 du même mois, relatifs aux facilités accordées aux négociants qui voudront déposer leurs marchandises dans des magasins agréés par l'État, contre des récépissés transmissibles par voie d'endossement,

Arrête :

ARTICLE PREMIER.

Les magasins de l'entrepôt des douanes de la ville du Havre et ses annexes pourront recevoir les marchandises déposées en exécution du décret et des arrêtés précités.

ART. 2.

Le délégué du ministre des finances est chargé de l'exécution du présent arrêté, qui sera déposé au secrétariat général, pour être notifié à qui de droit.

Paris, le 2 avril 1848.

Le Membre du Gouvernement provisoire
Ministre des finances,
Garnier-Pagès.

RÉPUBLIQUE FRANÇAISE.

Liberté, Égalité, Fraternité.

Du 5 avril 1848.

AU NOM DU PEUPLE FRANÇAIS.

Décret rectificatif.

LE GOUVERNEMENT PROVISOIRE DÉCRÈTE :

Le décret du 29 mars 1848 est rectifié comme il suit :

Vu le décret du 1er mars courant, qui a prorogé de dix jours l'échéance des effets de commerce depuis le 22 février jusqu'au 25 mars présent mois;

Vu l'article 165 du Code de commerce;

Considérant que le délai ordinaire de quinze jours, accordé au porteur pour exercer son recours par voie de dénonciation, est insuffisant dans les circonstances actuelles;

Que, d'ailleurs, il est utile d'accorder au porteur les moyens de faciliter aux endosseurs ou aux autres obligés le remboursement qui pèse sur eux;

Sur le rapport du ministre de la justice,

DÉCRÈTE :

Provisoirement, jusqu'à ce qu'il en soit autrement ordonné, le délai de quinze jours accordé aux porteurs d'effets de commerce, est prorogé de quinze jours, non compris les délais de distance.

Fait en conseil de Gouvernement, le 4 avril 1848.

Les Membres du Gouvernement provisoire,

DUPONT (de l'Eure), ARAGO, ALBERT, FLOCON, CRÉMIEUX, GARNIER-PAGÈS, LAMARTINE, ARMAND MARRAST, LOUIS BLANC, LEDRU-ROLLIN, MARIE.

Le Secrétaire général du Gouvernement provisoire,

PAGNERRE.

RÉPUBLIQUE FRANÇAISE.

Liberté, Égalité, Fraternité.

Du 5 avril 1848.

Le membre du Gouvernement provisoire ministre des finances,

Vu le décret du 21 mars dernier et les arrêtés des 21 et 26 du même mois, relatifs aux facilités accordées aux négociants qui voudront déposer leurs marchandises dans des magasins agréés par l'État contre des récépissés transmissibles par voie d'endossement,

Arrête :

ARTICLE PREMIER.

Les magasins de l'entrepôt des vins et liquides de Paris pourront recevoir les marchandises déposées en exécution du décret et des arrêtés précités.

ART. 2.

Le délégué du ministre des finances est chargé de l'exécution du présent arrêté, qui sera déposé au secrétariat général pour être notifié à qui de droit.

Paris, le 4 avril 1848.

Pour le Ministre :

Le délégué,

H. d'Artigues.

RÉPUBLIQUE FRANÇAISE.

Liberté, Égalité, Fraternité.

Du 6 avril.

AU NOM DU PEUPLE FRANÇAIS.

Le Gouvernement provisoire,

Considérant que l'impôt doit naturellement peser sur ceux qui sont en état de le payer;

Considérant que ce principe a été proclamé dans les instructions adressées aux agents financiers et aux commissaires du Gouvernement, au moment même où la contribution extraordinaire des 45 centimes, principalement destinée à fournir des moyens de crédit à l'agriculture, à l'industrie et au commerce, a été décrétée;

Attendu que ces instructions paraissent n'avoir pas été suffisamment répandues ou comprises;

Attendu qu'il est nécessaire de leur donner une publicité aussi étendue que possible;

Voulant donner à cette publicité la consécration la plus solennelle,

Décrète :

ARTICLE PREMIER.

Les contribuables qui seraient hors d'état de supporter la contribution extraordinaire de 45 centimes, décrétée par le Gouvernement provisoire le 16 mars dernier, en seront dégrevés dans une équitable mesure.

A cet effet, le maire, assisté du percepteur et d'un ou de plusieurs répartiteurs, dressera, dans la forme des états des cotes irrécouvrables, un état des contribuables à qui, en tenant un juste compte de leur position et des impérieuses nécessités du trésor, il y aurait lieu de faire remise d'une partie ou de la totalité de la contribution extraordinaire.

ART. 2.

Cet état sera communiqué au contrôleur des contributions directes, qui donnera son avis dans le mois de la réception. Le directeur fera son rapport, et le commissaire du Gouvernement statuera. Jusqu'à ce que les décisions aient été rendues, le percepteur surseoira à toute poursuite.

ART. 3.

Les dégrèvements qui seront prononcés, soit à titre de décharges et réductions, soit à titre de remises et modérations, donneront lieu à des ordonnances distinctes, dont le montant sera imputé sur un crédit extraordinaire qui sera ouvert à cet effet.

ART. 4.

Le ministre des finances est chargé de l'exécution du présent décret.

Fait à Paris, en conseil de Gouvernement, le 5 mars 1848.

Les Membres du Gouvernement provisoire,

Dupont (de l'Eure), *président;* Lamartine, Ledru-Rollin, Garnier-Pagès, Louis Blanc, Albert, Arago, Flocon, Armand Marrast, Crémieux, Marie.

RÉPUBLIQUE FRANÇAISE.

Liberté, Égalité, Fraternité.

Du 6 avril 1848.

AU NOM DU PEUPLE FRANÇAIS.

LE GOUVERNEMENT PROVISOIRE ;

Considérant que les nécessités impérieuses qui pèsent sur la République imposent à tous les citoyens le devoir des sacrifices ;

Considérant que les serviteurs de l'État doivent aux autres citoyens l'exemple du dévouement à la patrie ;

Sur la proposition du ministre des finances,

DÉCRÈTE :

ARTICLE PREMIER.

A compter du 1er avril jusqu'au 31 décembre de la présente année, tous traitements, appointements, salaires, pensions et dotations, payés sur les fonds du budget de l'État, et toutes remises accordées sur les sommes reçues ou payées pour le compte de l'État, seront assujettis à une retenue proportionnelle, conformément au tarif ci-après :

SÉRIE DES CLASSES.	CLASSE DES TRAITEMENTS.	CENTIMES DE RETENUE.
1	de 2,001 à 2,500f	4
2	de 2,501 à 3,000	5
3	de 3,001 à 4,000	8
4	de 4,001 à 5,000	10
5	de 5,001 à 6,000	12
6	de 6,001 à 7,000	13
7	de 7,001 à 8,000	15
8	de 8,001 à 9,000	16
9	de 9,001 à 10,000	18
10	de 10,001 à 15,000	20
11	de 15,001 à 18,000	23
12	de 18,001 à 20,000	25
13	de 20,001 à 25,000	28
14	de 25,001 et au-dessus.	30

ART. 2.

La présente disposition n'est point applicable aux armées actives de terre et de mer jusqu'au grade de chef de bataillon et de capitaine de corvette, et grades correspondants exclusivement, ni aux traitements, pensions et dotations au-dessous de 2,000 fr.

7.

ART. 3.

Les retenues faites sur les traitements militaires pour les caisses des invalides de terre et de la marine sont comprises dans celles qui ont été fixées par l'article précédent.

ART. 4.

Le ministre des finances est chargé de l'exécution du présent décret.

Fait à Paris, en conseil de Gouvernement, le 4 avril 1848.

Les Membres du Gouvernement provisoire,

DUPONT (DE L'EURE), LAMARTINE, CRÉMIEUX, GARNIER-PAGÈS, ARMAND MARRAST, LOUIS BLANC, ALBERT, FLOCON, LEDRU-ROLLIN, MARIE.

Nous croyons utile de mettre sous les yeux du public les extraits ci-après des instructions du ministère des finances transmises dans les départements pour assurer l'exécution du décret du 16 mars dernier, qui prescrit la perception, pour l'année 1848, de 45 c. p. o/o du total des rôles des contributions directes; on y verra que l'Administration n'a rien négligé pour concilier les ménagements à conserver vis-à-vis des contribuables hors d'état de supporter des charges supplémentaires avec la nécessité de pourvoir aux besoins du trésor public.

Extrait de la circulaire ministérielle du 18 mars 1848, à MM. les commissaires du Gouvernement.

L'intention du Gouvernement provisoire étant que la contribution extraordinaire n'ait rien de rigoureux, les contribuables qui seraient notoirement hors d'état de la supporter pourront en être dégrevés dans une équitable mesure. A cet effet, le maire, assisté du percepteur et d'un ou de plusieurs répartiteurs, dressera, dans la forme des états des cotes irrécouvrables, un état nominatif des contribuables à qui, en tenant un juste compte de leur position et des impérieuses nécessités du Trésor, il serait possible de faire remise d'une partie ou de la totalité de la contribution extraordinaire.

Cet état sera communiqué au contrôleur des contributions directes, qui donnera son avis dans le mois de la réception. Le directeur fera son rapport, et le commissaire du Gouvernement statuera; jusqu'à ce que les décisions aient été rendues, le percepteur surseoira à toute poursuite. Le directeur fera connaître successivement à l'administration centrale le montant des sommes comprises dans les états ci-dessus et celui des modérations et remises accordées.

Extrait d'une circulaire du même jour du directeur de la comptabilité générale des finances aux receveurs généraux et particuliers des finances.

Dans les perceptions composées de plusieurs communes, les percepteurs devront faire, dans le mois, une ou plusieurs tournées extraordinaires, à des jours fixés à l'avance et dont les maires seront priés de donner connaissance aux citoyens de la commune.

A l'expiration du mois de la publication du décret, les percepteurs, de concert avec le maire et les répartiteurs désignés à cet effet, formeront l'état des redevables qui, se trouvant dans la position indiquée par la circulaire du ministre, leur paraîtront avoir un droit manifeste à un dégrèvement quelconque sur la cotisation extraordinaire.

Les receveurs des finances recueilleront ces états pour les faire parvenir aux contrôleurs; et les percepteurs surseoiront aux poursuites jusqu'à ce qu'il ait été statué sur les propositions de dégrèvements.

Ces extraits répondent suffisamment, ce nous semble, à quelques apréciations un peu légères peut-être et passionnées. Obligé de pourvoir subitement à une situation périlleuse, le Gouvernement provisoire a dû ordonner les mesures dont l'effet devait être le plus immédiat. Mais, dans les décrets relatifs à l'impôt comme dans tous les autres, il s'est préoccupé, avec une constante sollicitude, du sort des plus pauvres et même des plus malaisés. A cet égard, ses actes portent avec eux-mêmes leur justification.

RÉPUBLIQUE FRANÇAISE.

Liberté, Égalité, Fraternité.

Du 7 avril 1848.

AU NOM DU PEUPLE FRANÇAIS.

Le membre du Gouvernement provisoire ministre des finances,

Vu le décret du 21 mars dernier et les arrêtés des 21 et 26 du même mois, relatifs aux facilités accordées aux négociants qui voudront déposer leurs marchandises dans des magasins agréés par l'État, contre des récépissés transmissibles par voie d'endossement;

Vu l'arrêté du commissaire du département de la Somme, en date du 28 mars, portant qu'il est établi d'urgence un magasin général de dépôt dans la ville d'Amiens, et que les galeries hautes de la halle aux grains sont affectées à cet usage;

Vu l'arrêté du commissaire du département du Bas-Rhin, portant qu'il est établi d'urgence un magasin général de dépôt dans la ville de Strasbourg, et que la halle commerciale, l'entrepôt réel des douanes, les hangars adjacents et ceux du Woerthel sont affectés à cet usage,

Arrête :

ARTICLE PREMIER.

Les magasins de la halle aux grains de la ville d'Amiens et ses annexes pourront continuer à recevoir les marchandises déposées en exécution du décret et des arrêtés précités.

ART. 2.

L'entrepôt réel des douanes de la ville de Strasbourg et ses annexes pourront continuer à recevoir les marchandises déposées en exécution du décret et des arrêtés précités.

ART. 3.

Le délégué du ministre des finances à Paris est chargé de l'exécution du présent arrêté, qui sera déposé au secrétariat général pour être notifié à qui de droit.

Fait à Paris, le 6 avril 1848.

Garnier-Pagès.

Du 10 avril 1848.

En vertu du décret du 7 mars, constitutif des comptoirs nationaux d'escompte, le minstre des finances a déjà autorisé l'établissement des comptoirs dont les noms suivent, et dont les opérations sont en pleine activité.

Date de la constitution.	Noms des comptoirs.	Noms des directeurs.
22 mars.......	Reims....................	MM. Jost.
28 mars.......	Nancy....................	Alexis-Bertrand.

29 mars.........	Beauvais..................	Carrel-Bourgeois.
30 mars.........	Poitiers..................	Barth. Jacquault.
5 avril.........	Le Havre..................	Paravey.
Idem..........	Sainte-Marie-aux-Mines......	Croeber.
Idem..........	Niort.....................	Clouzot.
Idem..........	Lille.....................	Théodore Rouzé.
Idem..........	Colmar....................	Kiéner.
6 avril.........	Charleville...............	Claude Lafontaine.
Idem..........	Saint-Lô..................	Théophile Garnier.
7 avril.........	Angers....................	Avenant.
Idem..........	Châlons-sur-Saône..........	Thesnard.
Idem..........	Elbeuf....................	Lefort.
8 avril.........	Orléans...................	Julien.
9 avril.........	Rethel....................	Choffin-Besançon.
Idem..........	Lyon......................	Olivier.

Paris, ce 9 avril 1848.

RÉPUBLIQUE FRANÇAISE.

Liberté, Égalité, Fraternité.

10 avril 1848.

AU NOM DU PEUPLE FRANÇAIS.

Le Gouvernement provisoire de la République

Arrête ce qui suit :

Le tarif relatif aux émoluments des greffiers et des huissiers audienciers près le tribunal de commerce est modifié de la manière suivante :

Le papier du plumitif, porté à 50 centimes sur chaque expédition, est réduit à 25 centimes.

Les droits de rédaction pour les jugements contradictoires expédiés est réduit de 2 francs à 1 franc 50 cent.

Le droit d'appel des causes dû aux huissiers audienciers est réduit de 30 centimes à 20 centimes.

Les émoluments du greffier en matière de faillite sont modifiés ainsi qu'il suit :

Sur le procès-verbal de remise à huitaine, pour le concordat, au lieu de..................	4 fr.	3 fr.
Sur le procès-verbal de reddition de compte des syndics, au lieu de..................	4	3
Sur la rédaction, l'impression, l'envoi des lettres aux créanciers, par chaque lettre, au lieu de....	20 c.	10 c.

Sur les droits de recherche (loi du 21 ventôse

an VII), au lieu de 50c 25c

Fait à l'Hôtel de Ville, en conseil de Gouvernement, le 8 avril 1848.

Les Membres du Gouvernement provisoire,

Dupont (de l'Eure), Arago, Lamartine, Ledru-Rollin, Louis Blanc, Marie, Armand Marrast, Flocon, Albert, Garnier-Pagès, Ad. Crémieux.

Le Secrétaire général du Gouvernement provisoire,

Pagnerre.

RÉPUBLIQUE FRANÇAISE.

Liberté, Égalité, Fraternité.

Du 10 avril 1848.

AU NOM DU PEUPLE FRANÇAIS.

Le membre du Gouvernement provisoire ministre des finances,

Vu le décret du 21 mars dernier et les arrêtés des 21 et 26 du même mois, relatifs aux facilités accordées aux négociants qui voudront déposer leurs marchandises dans des magasins agréés par l'État, contre des récépissés transmissibles par voie d'endossement;

Vu l'arrêté du 3 avril 1848 du commissaire du Gouvernement provisoire dans le département de la Gironde;

Vu les arrêtés des 1er et 6 avril 1848 du commissaire du Gouvernement provisoire dans le département de la Charente-Inférieure;

Vu l'arrêté du 6 avril 1848 du commissaire du Gouvernement provisoire dans le département du Haut-Rhin,

Arrête :

ARTICLE PREMIER.

L'entrepôt réel des douanes de la ville de Bordeaux et ses annexes pourront continuer à recevoir les marchandises déposées en exécution du décret et des arrêtés précités.

ART. 2.

L'entrepôt réel des douanes de la ville de la Rochelle et ses annexes pourront continuer à recevoir les marchandises déposées en exécution du décret et des arrêtés précités.

ART. 3.

L'entrepôt réel des douanes de la ville de Rochefort et ses annexes pourront continuer à recevoir les marchandises déposées en exécution du décret et des arrêtés précités.

ART. 4.

Les bâtiments de l'ancien hôtel de ville de Colmar pourront continuer à recevoir les marchandises déposées en exécution du décret et des arrêtés précités.

ART. 5.

L'entrepôt réel des douanes de la ville de Mulhouse (Haut-Rhin) et ses annexes pourront recevoir les marchandises déposées en exécution du décret et des arrêtés précités.

ART. 6.

L'ancienne prison dite des Capucins, à Rethel (Ardennes), et ses annexes pourront recevoir les marchandises déposées en exécution du décret et des arrêtés précités.

ART. 7.

Le délégué du ministre des finances est chargé de l'exécution du présent arrêté, qui sera déposé au secrétariat général pour être notifié à qui de droit.

Fait à Paris, le 9 avril 1848.

GARNIER-PAGÈS.

RÉPUBLIQUE FRANÇAISE.

Liberté, Égalité, Fraternité.

Du 11 avril 1848.

AU NOM DU PEUPLE FRANÇAIS.

Le membre du Gouvernement provisoire ministre des finances,

Vu le décret du 7 mars, relatif à la création des comptoirs nationaux d'escompte, et le décret du 8 du même mois, relatif à l'organisation du comptoir de Paris;

Vu les statuts délibérés sous la date du 28 mars par les souscripteurs au comptoir national d'escompte de la ville de Rouen, avec le concours de l'autorité municipale de la ville de Rouen,

Arrête ce qui suit :

ARTICLE PREMIER.

Les statuts du comptoir national d'escompte de la ville de Rouen sont approuvés.

ART. 2.

Le présent arrêté sera déposé au secrétariat général, pour être notifié à qui de droit.

Fait à Paris, le 10 avril 1848.

Pour le Membre du Gouvernement provisoire ministre des finances,

Le Sous-Secrétaire d'État,

E. Duclerc.

Du 11 avril 1848.

Le ministre des finances vient de donner satisfaction à un vœu formé depuis longtemps par le public.

La commission des monnaies a reçu l'autorisation de faire frapper des pièces de 1 centime.

Avant la fin de ce mois, il en sera fait des livraisons au Trésor public.

RÉPUBLIQUE FRANÇAISE.

Liberté, Égalité, Fraternité.

AU NOM DU PEUPLE FRANÇAIS.

Du 12 avril 1848.

Le membre du Gouvernement provisoire ministre des finances,

Vu le décret du Gouvernement provisoire du 2 mars dernier;

Vu les arrêtés des 8 et 17 du même mois,

Arrête :

Les délais et facultés accordés par l'arrêté du 8 et prorogés par celui du 17 mars dernier pour faire viser sans amende les billets à ordre, lettres de change et autres effets négociables, ainsi que les billets et obligations non négociables et les mandats à terme ou de place en place, faits en contravention aux lois sur le timbre, sont prorogés de nouveau jusqu'au 24 mai prochain inclusivement.

Paris, le 11 avril 1848.

Pour le membre du Gouvernement provisoire Ministre des finances,

Le Sous-Secrétaire d'État,

E. Duclerc.

RÉPUBLIQUE FRANÇAISE.

Liberté, Égalité, Fraternité.

AU NOM DU PEUPLE FRANÇAIS.

Du 13 Avril 1848.

Le membre du Gouvernement provisoire ministre des finances,

Vu le décret du 21 mars dernier et les arrêtés des 21 et 26 du même mois, relatifs aux facilités accordées aux négociants qui voudront déposer leurs marchandises dans des magasins agréés par l'État, contre des récépissés transmissibles par voie d'endossement,

Arrête :

ARTICLE PREMIER.

Le magasin de la mairie de la ville de Romorantin (Loir-et-Cher) et ses annexes pourront recevoir les marchandises déposées en exécution du décret et des arrêtés précités.

ART. 2.

Le délégué du ministre des finances est chargé de l'exécution du présent arrêté, qui sera déposé au secrétariat général pour être notifié à qui de droit.

Fait à Paris, le 12 avril 1848.

Le Membre du Gouvernement provisoire Ministre des finances,

Garnier-Pagès.

RÉPUBLIQUE FRANÇAISE.

Liberté, Égalité, Fraternité.

Du 13 avril 1848.

PROCLAMATION.

Le décret sur l'*abolition de l'exercice* a été mal interprété par un certain nombre de marchands et de consommateurs de Paris et de la banlieue.

On a paru penser qu'à partir du 15 avril, époque fixée pour l'exécution de ce décret, les droits d'entrée et d'octroi sur les vins, cidres et poirés, éprouveraient une notable diminution.

C'est une erreur qu'il importe de rectifier.

Jaloux de faire droit à des réclamations trop longtemps inutiles, au moment même où la République a besoin de toutes ses ressources, le Gouvernement a simplement voulu ce que l'équité, ce que les nouvelles institutions de la France commandent : la suppression d'un mode de perception vexatoire et irritant, abus dont la ville de Paris a toujours été affranchie.

Le ministre des finances prévient donc ses concitoyens que rien ne sera changé, le 15 du mois présent, au tarif des droits que les boissons acquittent à l'entrée de Paris, et il compte assez sur leur patriotisme pour être persuadé que ces droits, si nécessaires, dans les circonstances actuelles, à l'État et à la ville, seront acquittés avec l'empressement que, tous, nous devons mettre à venir en aide à la République.

Pour le Ministre des finances :

Le Sous-Secrétaire d'État,

E. Duclerc.

RÉPUBLIQUE FRANÇAISE.

Liberté, Égalité, Fraternité.

Du 14 avril 1848.

AU NOM DU PEUPLE FRANÇAIS.

Le membre du Gouvernement provisoire, ministre des finances,

Vu le décret du 21 mars dernier et les arrêtés des 21 et 26 du même mois, relatifs aux facilités accordées aux négociants qui voudront déposer leurs marchandises dans des magasins agréés par l'État, contre des récépissés transmissibles par voie d'endossement;

Vu l'arrêté du commissaire du Gouvernement provisoire dans le département des Ardennes, en date du 2 avril présent mois,

ARRÊTE :

ARTICLE PREMIER.

Le magasin de dépôts de la maison Bardenat, place de l'Ile, à Sedan, et ses annexes pourront continuer à recevoir les marchandises déposées en exécution du décret et des arrêtés précités.

ART. 2.

Le délégué du ministre des finances est chargé de l'exécution du présent arrêté, qui sera déposé au secrétariat général, pour être notifié à qui de droit.

Fait à Paris, le 13 avril 1848.

Pour le Ministre :

Le Sous-Secrétaire d'État,

E. DUCLERC.

RÉPUBLIQUE FRANÇAISE.

Liberté, Égalité, Fraternité.

Du 15 avril 1848.

AU NOM DU PEUPLE FRANÇAIS.

Le membre du Gouvernement provisoire ministre des finances,

Vu le décret du Gouvernement provisoire en date du 2 mars 1848,

ARRÊTE :

ARTICLE PREMIER.

Est prorogé d'un mois le délai accordé par l'arrêté du 13 mars dernier, pour l'enregistrement, sans droit en sus ou amendes, des actes sous signatures privées qui n'ont pas été soumis à cette formalité, contrairement aux lois, et pour faire, sous le même bénéfice, la déclaration des biens transmis, soit entre-vifs, soit par décès, ou pour réparer les omissions de biens et les insuffisances de prix ou d'estimation que les actes et déclarations peuvent présenter.

ART. 2.

Pourront être enregistrés sans droits en sus, à partir de la publication du présent arrêté jusqu'à l'expiration du délai résultant de l'article ci-dessus, les jugements qui ne l'ont point été dans les vingt jours de leur date, à défaut de consignation des droits aux mains des greffiers, conformément à l'article 37 de la loi du 22 frimaire an VII.

ART. 3.

Les exceptions et conditions indiquées dans les articles 3 et 4 de l'arrêté du 13 mars 1848 sont maintenues ; elles seront applicables aux jugements qui font le sujet de l'article 2 du présent.

Fait à Paris, le 14 avril 1848.

Pour le membre du Gouvernement provisoire Ministre des finances :

Le Sous-Secrétaire d'État,

E. DUCLERC.

RÉPUBLIQUE FRANÇAISE.

Liberté, Égalité, Fraternité.

Du 15 avril 1848.

AU NOM DU PEUPLE FRANÇAIS.

Le membre du Gouvernement provisoire ministre des finances,

Vu l'article 24 de la loi du 31 mai 1846, portant que les fabricants de sucres indigènes qui voudront acquitter les droits au comptant, au lieu de souscrire des obligations, jouiront, pour le temps que celles-ci auront à courir, d'un escompte calculé au même taux que pour les sucres coloniaux ;

Vu l'arrêté du 29 mars 1848, qui élève à cinq pour cent par an le taux de l'escompte sur les sucres coloniaux,

ARRÊTE ce qui suit :

ARTICLE PREMIER.

A partir de la publication du présent arrêté, l'escompte accordé aux fabricants de sucres indigènes par le troisième paragraphe de l'article 24 de la loi du 31 mai 1846 sera calculé à raison de cinq pour cent par an.

ART. 2.

Les autres dispositions des règlements relatifs à l'escompte pour le droit sur les sucres indigènes sont maintenues.

Fait à Paris, le 14 avril 1848.

Pour le Ministre des finances :

Le Sous-Secrétaire d'État,

E. DUCLERC.

RÉPUBLIQUE FRANÇAISE.

Liberté, Égalité, Fraternité.

Du 15 avril 1848.

AU NOM DU PEUPLE FRANÇAIS.

Le membre du Gouvernement provisoire ministre des finances,

Vu le décret du 21 mars dernier et les arrêtés des 21 et 26 du même mois, relatifs aux facilités accordées aux négociants qui voudront déposer leurs marchandises dans des magasins agréés par l'État, contre des récépissés transmissibles par voie d'endossement;

Vu les deux arrêtés du commissaire du Gouvernement provisoire dans le département de la Seine-Inférieure, en date, l'un du 23 mars dernier, l'autre du 6 avril présent mois;

Vu l'arrêté des commissaires du Gouvernement provisoire dans le département de la Charente, en date du 28 mars dernier,

Arrête :

ARTICLE PREMIER.

Le magasin de l'entrepôt des douanes de la ville de Rouen et ses annexes pourront continuer à recevoir les marchandises déposées en exécution du décret et des arrêtés précités.

ART. 2.

Le bâtiment de l'ancienne école de marine à Angoulême et ses annexes pourront continuer à recevoir les marchandises déposées en exécution du décret et des arrêtés précités.

ART. 3.

Le délégué du ministre des finances est chargé de l'exécution du présent arrêté, qui sera déposé au secrétarial général pour être notifié à qui de droit.

Fait à Paris, le 14 avril 1848.

Pour le Ministre :

Le Sous-Secrétaire d'État,

E. Duclerc.

RÉPUBLIQUE FRANÇAISE.

Liberté, Égalité, Fraternité.

Du 16 Avril 1848.

AU NOM DU PEUPLE FRANÇAIS.

Le Gouvernement provisoire,

Vu l'arrêté du 1er mars 1848, relatif à l'administration des biens sous séquestre appartenant au domaine privé;

Celui du 5 du même mois portant création d'une commission de liquidation pour les biens de l'ancienne liste civile et du domaine privé;

Un troisième arrêté du 27 mars suivant, qui remet à l'administration des forêts de l'État, pour être régis et administrés dans les mêmes formes que les forêts nationales, les bois précédemment affectés à la dotation immobilière de la couronne;

La proposition de la commission de liquidation ayant pour objet de placer sous la même surveillance les bois du domaine privé de l'ex-roi;

Les observations des administrations des forêts des domaines,

Arrête :

ARTICLE PREMIER.

Les bois et forêts qui dépendaient du domaine privé de l'ex-roi Louis-Philippe seront régis et administrés par l'administration des forêts.

ART. 2.

Les produits de ces propriétés seront perçus et encaissés suivant les règles tracées par l'arrêté du ministre des finances en date du 14 mars dernier; ils devront être distinctement classés dans les comptes des agents de l'État.

Fait en séance du Gouvernement, le 15 avril 1848.

Les Membres du Gouvernement provisoire,

Signé Dupont (de l'Eure), Arago, Lamartine, Crémieux, Ledru-Rollin, Louis Blanc, Albert, Garnier-Pagès, Flocon, Armand Marrast, Marie.

Le Secrétaire général du Gouvernement provisoire,

Pagnerre.

RÉPUBLIQUE FRANÇAISE.

Liberté, Égalité, Fraternité.

Du 16 Avril 1848.

AU NOM DU PEUPLE FRANÇAIS.

Le membre du Gouvernement provisoire ministre des finances,

Vu le décret du 21 mars dernier, et les arrêtés des 21 et 26 du même mois, relatifs aux facilités accordées aux négociants qui voudront déposer leurs marchandises dans des magasins agréés par l'État, contre des récépissés transmissibles par voie d'endossement;

Vu l'arrêté du commissaire du Gouvernement provisoire dans le département de l'Aisne, en date du 10 avril présent mois;

Vu l'arrêté du commissaire du Gouvernement provisoire dans le département du Calvados, en date du 11 avril présent mois;

Vu l'arrêté du commissaire du Gouvernement provisoire dans le département du Haut-Rhin, en date du 13 avril présent mois;

Arrête :

ARTICLE PREMIER.

La maison sise rue des Cordeliers, n° 29, à Saint-Quentin, et ses annexes pourront continuer à recevoir les marchandises déposées en exécution du décret et des arrêtés précités.

ART. 2.

Le magasin de l'entrepôt des douanes de la ville de Caen, et ses annexes pourront continuer à recevoir les marchandises déposées en exécution du décret et des arrêtés précités.

ART. 3.

Le bâtiment de l'hôtel de ville de Sainte-Marie-aux-Mines, et ses annexes pourront continuer à recevoir les marchandises déposées en exécution du décret et des arrêtés précités.

ART. 4.

La caserne du Cygne, à Saint-Omer (Pas-de-Calais), et ses annexes pourront continuer à recevoir les marchandises déposées en exécution du décret et des arrêtés précités.

ART. 5.

L'ancienne boucherie de la ville de Montluçon (Allier) et ses annexes pourront recevoir les marchandises déposées en exécution du décret et des arrêtés précités.

ART. 6.

Le délégué du ministre des finances est chargé de l'exécution du présent arrêté, qui sera déposé au secrétariat général, pour être notifié à qui de droit.

Fait à Paris, le 17 avril 1848.

Pour le Ministre :

Le Sous-Secrétaire d'État,

E. Duclerc.

RÉPUBLIQUE FRANÇAISE,

Liberté, Égalité, Fraternité.

Rapport fait au Gouvernement de la République par le membre du Gouvernement provisoire, ministre des finances, sur l'abolition de l'impôt du sel.

Du 16 avril 1848.

Citoyens,

Il est écrit que tous les Français doivent contribuer aux charges publiques dans la proportion de leur fortune.

Loyalement comprise, cette formule contient toute la doctrine de la Révolution en matière d'impôts.

Il en résulte, en effet, que les charges sont proportionnelles aux forces; qu'il faut ne demander rien à ceux qui n'ont rien; que les malaisés doivent peu; qu'il est juste de demander beaucoup au superflu.

La monarchie subissait la lettre du principe; mais, dans la pratique, elle en éludait frauduleusement l'esprit. Cherchez parmi tous les monuments de sa législation financière, vous y trouverez partout le respect des forts, la haine des faibles. Aux époques les plus récentes, comme dans les plus reculées, c'est sur le pauvre que pèsent le plus les charges de la société. Esclave, serf, prolétaire, le peuple verse par tous les canaux, avec son sang, le fruit de son travail. Un homme est reconnu noble à ce signe : il ne paye point d'impôt ; non noble à ce signe : les collecteurs ont saisi les instruments de son travail.

Cependant, l'esprit du christianisme prévaut dans les faits humains; la Révolution s'empare du monde. Par une conséquence forcée, le principe de l'impôt est aussitôt changé. Il était oppresseur, il devient juste. Tout d'abord les charges les plus iniques disparaissent; les principes proclamés s'appliquent; l'impôt progressif sur le revenu, sur la richesse produite, suit de près l'abolition des taxes que des vexations séculaires avaient rendues particulièrement odieuses.

Puis, à cette grande évolution de la justice dans l'humanité succède une réaction violente. Un moment effacées sous la République, les vieilles iniquités ressuscitent sous l'Empire, durent sous la Restauration et se perpétuent jusqu'à nous à travers des oscillations diverses.

A son avénement, la République a donc trouvé debout face à face de généreux principes et des faits déplorables. Elle a pour mission de faire prévaloir les principes nouveaux contre les anciens faits.

Charger le fort dans une juste mesure, et, dans une juste mesure aussi, décharger le faible; en un mot, proportionner le devoir au pouvoir, tel est désormais le principe fondamental, le but nécessaire de votre politique financière.

Or, citoyens, parmi les impôts qui depuis tant de siècles pèsent sur le peuple, il n'en est pas un seul qui soit plus onéreux, plus justement détesté que celui du sel. Comme toutes les autres inventions fiscales de l'ancienne monarchie, cette taxe, légère d'abord, ne devait être que temporaire. Successivement, elle dura et s'aggrava.

De 8 sous par muid, elle s'éleva rapidement à 48 sous, et bientôt, tant la progression fut violente, à 45 livres. Plus tard, elle atteignait le chiffre de 397 livres le muid, puis elle ne cessa de s'accroître, si bien que, à la fin du XVIe siècle, on le payait à Paris 864 livres le muid, et au commencement du XVIIe siècle, 2,460 livres dans les provinces de grande gabelle.

A quelques années de là, un des hommes qui ont le plus honoré la France, et qui n'était pas moins grand par le génie que par le cœur, Vauban, écrivait: « Le sel est une manne dont « Dieu a gratifié le genre humain, et sur lequel, par conséquent, « on n'aurait jamais dû mettre d'impôt. » De Vauban jusqu'à la Révolution, l'impôt du sel s'accrut de plus en plus, et l'histoire ne dira jamais assez par quelles barbaries il fut maintenu.

Dès que la justice reparaîtrait, il devait tomber : il tomba dès les premiers jours de la Révolution. Réduit d'abord dans les proportions les plus larges, il fut bientôt complétement aboli. (Lois de septembre 1789 et de mars 1790).

L'Empire ressuscite les vieilles institutions politiques, et du même coup les vieilles institutions fiscales. Droit souverain de la logique ! Et, comme la Restauration avait recueilli l'héritage de l'Empire, le gouvernement du 7 août 1830 reçoit celui de la Restauration. Pendant dix-sept ans l'impôt du sel, condamné au triple point de vue de la science, de l'humanité, de la politique, résiste aux réclamations persévérantes de la justice et de l'opinion.

Citoyens, c'est à vous d'effacer définitivement cette iniquité séculaire. Si les prodigalités du régime déchu, si l'impérieuse nécessité de pourvoir aux droits du travail, si la situation extérieure de la France ne vous permettent pas une résolution soudaine, immédiatement applicable ; si, en outre, aux termes mêmes des lois, il est indispensable d'accorder un certain délai aux commerçants qui ont en magasin des quantités de sel ayant acquitté l'impôt, décidez au moins par un décret formel que la doctrine révolutionnaire en matière d'impôt prévaudra définitivement dans le budget de la France républicaine, et qu'à partir du dernier jour de cette année, l'impôt du sel est aboli dans toute l'étendue de la République.

Je ne m'étendrai pas, citoyens, sur la grandeur du sacrifice que cette grande mesure impose au trésor. J'aime mieux dire quelques mots des avantages qui doivent en résulter pour le peuple.

On a beaucoup discuté, on discutait encore hier sur la question de savoir si le prix vénal du sel exerçait quelque influence sur la consommation. Quelques chiffres tranchent le débat.

Avant la révolution, dans les provinces de grandes gabelles, la consommation par tête était de 4 kilog. 580 gr.

De 1793 à 1806, la consommation atteignait 10 kilogrammes par tête.

Après la loi de 1806, la consommation redescend à 6 kilog. 630 gr., et après la loi ultra-fiscale de 1813, à 3 kilog. 467 gr.

Maintenant, il vous sera facile de calculer la portée de ces variations, si vous vous rappelez qu'il n'est pas une substance qui joue un plus grand rôle que le sel dans la vie animale, agricole, industrielle. Le sel est pour le peuple un objet de première nécessité; il sert à prévenir les maladies qu'engendre la mauvaise qualité des aliments; il répare les vices d'une nourriture insuffisante et sans vigueur.

En agriculture, c'est un axiome vulgaire qu'une livre de sel fait dix livres de viande, et que six livres de foin mélangé de sel valent autant pour la nourriture des bestiaux que huit livres de foin non salé.

Relativement au commerce intérieur et extérieur, la question n'a pas une moindre importance. Si le sel se vendait à sa vraie valeur, il pourrait servir, non-seulement à l'assaisonnement, mais encore à la conservation des aliments; et il serait désormais possible aux produits de la pêche française de lutter sur les marchés étrangers avec les produits similaires de l'Angleterre et des États-Unis.

Toutefois, citoyens, il ne suffit pas de décréter la justice, il faut en assurer la pratique.

C'est en faveur des pauvres que vous allez décréter l'abolition de l'impôt; il faut qu'elle profite au pauvre. Vos intentions seraient violées, le sacrifice du trésor serait en pure perte, si les producteurs seuls en recueillaient le bénéfice. Sur divers points du territoire, et particulièrement dans une vingtaine de nos départements du midi et du centre, des coalitions se sont formées et subsistent qui maintiennent les prix à un taux exorbitant. Il faut que ces coalitions soient rendues impossibles. Or, pour atteindre à ce but, vous n'avez qu'un moyen : la possibilité d'une concurrence. Je vous propose donc de décréter qu'à partir du jour où l'impôt du sel aura cessé d'être levé, les sels étrangers seront admis à l'importation, moyennant un faible droit. Cette mesure, citoyens, est d'une absolue nécessité, si vous voulez que le renchérissement des prix par le monopole soit efficacement prévenu. Et j'ajoute qu'elle ne portera aucun préjudice aux producteurs nationaux, s'ils veulent ne point abuser; car les conditions où se trouve la France, pour la production du sel, sont tellement favorables, que leurs intérêts se trouveront suffisamment sauvegardés par l'établissement d'un très-faible droit d'entrée.

Vous avez enfin à considérer ici les intérêts de vos colonies, principalement ceux de l'Algérie et ceux de votre marine. Il y est pourvu par un article spécial du décret ci-après.

En résumé, citoyens, dans l'ordre social et politique, vous avez effacé déjà plus d'une injustice. Je vous propose de consacrer solennellement une nouvelle réparation, et de montrer à la France qu'en proclamant la République, ce n'est pas un vain nom que vous avez inscrit sur son drapeau.

Le membre du Gouvernement provisoire,
ministre des finances,
GARNIER-PAGÈS.

Le sous-secrétaire d'État,
E. DUCLERC.

DÉCRET.

Du 16 avril 1848.

LE GOUVERNEMENT PROVISOIRE,

Considérant que les citoyens doivent contribuer aux charges publiques dans la proportion de leur fortune;

Considérant que le Gouvernement républicain a pour devoir et pour but de faire prévaloir dans la pratique cette formule de justice et d'humanité;

Considérant qu'il est indispensable de supprimer ou de transformer les impôts qui pèsent plus spécialement sur les pauvres;

Considérant que, de tous les impôts de consommation, celui du sel est le plus onéreux et le plus inique;

Considérant que la santé du peuple, la prospérité de l'agriculture, le développement de l'industrie et du commerce, en exigent impérieusement l'abolition;

Voulant réparer à l'égard du peuple une des plus criantes injustices des siècles passés;

Sur le rapport du ministre des finances,

DÉCRÈTE :

ARTICLE PREMIER.

A partir du 1er janvier 1849, l'impôt du sel est aboli.

ART. 2.

A partir de la même époque, la prohibition d'entrée des sels étrangers est pareillement abolie.

Il sera perçu sur les sels étrangers une taxe de vingt-cinq centimes par cent kilogrammes à leur importation par terre;

De cinquante centimes à leur importation par mer, sous pavillon français,

Et de deux francs à leur importation sous pavillon étranger.

ART. 3.

Les sels des colonies et possessions françaises d'outre-mer seront admis en franchise de toute taxe.

ART. 4.

Les sels étrangers destinés à l'approvisionnement des navires français armés pour la pêche de la morue seront affranchis de toute taxe.

ART. 5.

Le membre du Gouvernement provisoire, ministre des finances, est chargé de l'exécution du présent décret.

Fait à Paris, en conseil de Gouvernement.

Les Membres du Gouvernement provisoire de la République française,

Signé DUPONT (de l'Eure), ARAGO, FLOCON, LAMARTINE, ALBERT, AD. CRÉMIEUX, GARNIER-PAGÈS, ARMAND MARRAST, MARIE, LOUIS BLANC, LEDRU-ROLLIN.

Le Secrétaire général du Gouvernement provisoire,

Signé PAGNERRE.

RÉPUBLIQUE FRANÇAISE.

Liberté, Égalité, Fraternité.

Du 18 avril 1848.

AU NOM DU PEUPLE FRANÇAIS.

LE GOUVERNEMENT PROVISOIRE

DÉCRÈTE :

Le principe de l'inamovibilité de la magistrature, incompatible avec le Gouvernement républicain, a disparu avec la charte de 1830. Provisoirement, et jusqu'au jour où l'Assemblée nationale prononcera sur l'organisation judiciaire, la suspension ou la révocation des magistrats peut être prononcée par le ministre de la justice, délégué du Gouvernement provisoire, comme mesure d'intérêt public.

La suspension ou la révocation des magistrats de la cour des comptes peut être prononcée par le ministre des finances, délégué du Gouvernement provisoire, comme mesure d'intérêt public.

Fait à Paris, en conseil de Gouvernement, le 17 avril 1848.

Les Membres du Gouvernement provisoire,

Signé DUPONT (de l'Eure), ARAGO, LAMARTINE, LEDRU-ROLLIN, LOUIS BLANC, MARIE, ARMAND MARRAST, FERDINAND FLOCON, ALBERT, GARNIER-PAGÈS.

Le Secrétaire du Gouvernement provisoire,

Signé PAGNERRE.

RÉPUBLIQUE FRANÇAISE.

Liberté, Égalité, Fraternité.

AU NOM DU PEUPLE FRANÇAIS.

LE GOUVERNEMENT PROVISOIRE

DÉCRÈTE :

ARTICLE PREMIER.

M. Barthe, premier président de la cour des comptes, est suspendu de ses fonctions.

ART. 2.

Le ministre des finances est chargé de l'exécution du présent décret.

Fait à Paris, en conseil de Gouvernement, le 17 avril 1848.

Pour délégation :

Le Membre du Gouvernement provisoire Ministre des finances,

Signé GARNIER-PAGÈS.

RÉPUBLIQUE FRANÇAISE.

Liberté, Égalité, Fraternité.

Du 19 avril 1848.

AU NOM DU PEUPLE FRANÇAIS.

LE GOUVERNEMENT PROVISOIRE,

Considérant que l'octroi établi sur les boissons pèse d'une manière inégale sur les diverses qualités de vins;

Qu'il est inique de frapper la boisson ordinaire des travailleurs de 100 pour o/o de la valeur primitive, tandis que les vins de luxe ne payent que 5 ou 10 pour o/o de leur prix vénal;

Que cette inégalité choquante provoque des fraudes nuisibles à la santé des travailleurs,

DÉCRÈTE :

Le ministre des finances et le maire de Paris présenteront dans le plus bref délai un règlement qui modifiera le droit d'octroi sur les vins. Ce règlement sera basé sur le principe d'égalité proportionnelle proclamé plus haut, et il aura pour objet de mettre à la portée des travailleurs une boisson saine et fortifiante, et de punir des peines les plus sévères toute fraude qui en dénaturerait la qualité.

Fait en conseil de Gouvernement, le 18 avril 1848.

Les Membres du Gouvernement provisoire,

DUPONT (de l'Eure), *président;* LAMARTINE, LEDRU-ROLLIN, GARNIER-PAGÈS, LOUIS BLANC, ALBERT, ARAGO, FLOCON, ARMAND MARRAST, CRÉMIEUX, MARIE.

Le Secrétaire général du Gouvernement provisoire,

PAGNERRE.

RÉPUBLIQUE FRANÇAISE.

Liberté, Égalité, Fraternité.

Du 19 avril 1848.

LE GOUVERNEMENT PROVISOIRE,

Considérant que la subsistance du peuple doit être une des premières préoccupations de la République;

Qu'il importe surtout de diminuer le prix des objets d'alimentation qui peuvent ajouter aux forces physiques des travailleurs,

DÉCRÈTE :

ARTICLE PREMIER.

A Paris, les droits d'octroi sur la viande de boucherie sont supprimés.

ART. 2.

Ces droits seront remplacés :

1° Par une taxe spéciale et progressive sur les propriétaires et sur les locataires occupant un loyer de 800 francs et au-dessus;

2° Par un impôt somptuaire établi sur les voitures de luxe, les chiens, et sur les domestiques mâles, quand il y aura plus d'un domestique mâle attaché à une famille.

ART. 3.

Le ministre des finances est autorisé à appliquer les mêmes mesures, dans le plus bref délai, aux villes des départements.

ART. 4.

Le ministre des finances et le maire de Paris sont chargés de l'exécution du présent décret.

Fait en conseil de Gouvernement, à Paris, le 18 avril 1848.

Les Membres du Gouvernement provisoire,

DUPONT (de l'Eure), ARAGO, ALBERT, CRÉMIEUX, FLOCON, GARNIER-PAGÈS, LAMARTINE, LOUIS BLANC, ARMAND MARRAST, MARIE, LEDRU-ROLLIN.

Le Secrétaire général du Gouvernement provisoire,

PAGNERRE.

RÉPUBLIQUE FRANÇAISE.

Liberté, Égalité, Fraternité.

Du 20 avril 1848.

Rapport fait au Gouvernement de la République par le Membre du Gouvernement provisoire Ministre des finances, pour proposer l'établissement d'un impôt sur les créances hypothécaires.

Citoyens,

Avant la Révolution, l'impôt était proportionnel : donc il était injuste. Pour être réellement équitable, l'impôt doit être progressif.

Vous avez reconnu et proclamé ce principe. Il sera mis en action dans le premier budget de la République.

Mais, en attendant cette grande amélioration, il est indispensable de créer les ressources que réclament les besoins de l'État. Vous avez à pourvoir à de nombreux services et à remplacer le vide que va faire dans vos finances l'abolition de certains impôts désormais impossibles.

Jusqu'ici les producteurs, les consommateurs et les propriétaires ont eu la charge exclusive des grandes crises. Seuls les capitalistes ont échappé à la nécessité des sacrifices. La justice veut que cette inégalité cesse. Lorsque tous les éléments de la richesse sont atteints, il ne faut pas épargner celui de tous qui est le plus puissant.

En conséquence, citoyens, j'ai l'honneur de soumettre à votre approbation le décret suivant, qui prescrit pour l'année 1848 l'établissement d'une contribution directe sur les créances hypothécaires.

Le Membre du Gouvernement provisoire Ministre des finances,
GARNIER-PAGÈS.

Le Sous-Secrétaire d'État,
E. DUCLERC.

DÉCRET.

ARTICLE PREMIER.

Il est établi, pour l'année 1848, une contribution directe sur les créances hypothécaires résultant, soit d'obligations, soit de constitution de rentes foncières, perpétuelles ou viagères, soit de jugement ou arrêt, passés en force de chose jugée.

Cette contribution frappera également les créances privilégiées, sur les immeubles seulement, à l'exception de celles comprises au n° 3 de l'article 2103 du Code civil.

Cet impôt est fixé à 1 pour 0/0 du capital.

Le capital des rentes perpétuelles sera formé à raison de vingt fois le revenu.

Le capital des rentes viagères le sera à raison de dix fois le revenu.

ART. 2.

Pour l'assiette de ladite contribution, les propriétaires d'immeubles grévés des hypothèques ou priviléges spécifiés en l'article 1er sont tenus de déclarer, dans le délai de quinze jours, du 1er au 15 mai prochain, les diverses créances de cette nature existant sur leurs immeubles.

Leurs déclarations seront faites et signées par eux-mêmes ou par leur représentant, devant le greffier de la justice de paix de la situation des biens : il leur en sera donné un reçu.

Des feuilles de déclarations seront déposées d'avance, par

les soins des directeurs des contributions directes, dans tous les greffes de justices de paix.

Les déclarations contiendront les noms, prénoms, profession et demeure des propriétaires déclarants; les noms, prénoms, profession et domicile des créanciers, la désignation des biens affectés, le montant en capital de chaque créance.

ART. 3.

Après le délai de quinze jours déterminé par l'article 3 pour la remise des déclarations, et dans la quinzaine suivante, les contrôleurs des contributions directes se transporteront dans chaque chef-lieu de canton pour y former les matrices de contribution par commune au moyen des déclarations faites et déposées dans les greffes des justices de paix.

Au fur et à mesure de la confection, les contrôleurs adresseront sans retard ces déclarations et matrices au directeur des contributions directeurs dans la circonscription duquel demeure le créancier, et le directeur dressera immédiatement les rôles et les avertissements, de manière que tous soient mis en recouvrement au plus tard le 1er juillet prochain.

ART. 4.

Dans le délai de quarante jours, à partir de la publication du présent décret, chaque conservateur des hypothèques sera tenu de fournir au directeur départemental de l'enregistrement et des domaines des relevés, pour les dix dernières années, de ses registres d'inscriptions hypothécaires.

Rapprochement sera effectué par les employés supérieurs de l'enregistrement de ces relevés et des déclarations faites par les propriétaires débiteurs. Les résultats de ce rapprochement seront transmis au directeur des contributions directes dans la circonscription duquel demeure le créancier, et serviront, s'il y a lieu, à la formation de rôles supplémentaires.

ART. 5.

Les rôles seront rendus exécutoires par les préfets et adressées, comme les rôles des contributions directes, aux percepteurs chargés du recouvrement, par l'intermédiaire des directeurs des contributions directes et des receveurs des finances.

ART. 6.

La contribution établie par le présent décret, devra être

payée aussitôt après la publication des rôles et non par douzièmes.

Toutefois, le payement pourra être divisé en deux versements égaux ; le premier sera fait dans le mois de la publication des rôles, le second, trois mois après.

ART. 7.

Les réclamations seront faites, reçues, instruites et jugées de la même manière que celles concernant les contributions directes, avec cette différence, toutefois, que les agents de l'administration des contributions directes et ceux de l'enregistrement auront seuls à donner un avis.

ART. 8.

Les poursuites aux fins du recouvrement des impositions et taxes établies par le présent décret, seront exercées par les percepteurs et receveurs des finances, comme en matière de contributions directes.

ART. 9.

Les dispositions du présent décret ne sont applicables qu'aux créances actuellement existantes. Elles ne s'appliqueront pas aux contrats passés postérieurement au 15 avril 1848.

ART. 10.

Le présent décret sera publié par les soins des maires, dans toutes les communes, au moyen d'affiches qui seront apposées extérieurement aux mairies, aux bâtiments consacrés au culte, aux maisons d'école et aux bureaux de perception.

ART. 11.

Les ministres des finances, de la justice et de l'intérieur sont chargés de l'exécution du présent décret.

Fait à Paris, en conseil de Gouvernement, le 19 avril 1848.

Les Membres du Gouvernement provisoire,

DUPONT (de l'Eure), ARAGO, ALBERT, FLOCON, CRÉMIEUX, GARNIER-PAGÈS, LAMARTINE, ARMAND MARRAST, LOUIS BLANC, LEDRU-ROLLIN, MARIE.

Le Secrétaire général du Gouvernement provisoire,

PAGNERRE.

RÉPUBLIQUE FRANÇAISE.

Liberté, Égalité, Fraternité.

Du 22 avril 1848.

AU NOM DU PEUPLE FRANÇAIS.

Le membre du Gouvernement provisoire ministre des finances,

Vu le décret du 21 mars dernier et les arrêtés des 21 et 26 du même mois, relatifs aux facilités accordées aux négociants qui voudront déposer leurs marchandises dans des magasins agréés par l'État contre des récépissés transmissibles par voie d'endossement;

Vu l'arrêté du commissaire du Gouvernement provisoire dans le département de Vaucluse, en date du 24 mars 1848;

Vu l'arrêté du commissaire du Gouvernement provisoire dans le département du Loiret, en date du 12 avril présent mois;

Vu l'arrêté du commissaire du Gouvernement provisoire dans le département de la Charente-Inférieure, en date du 13 avril présent mois;

Arrête :

ARTICLE PREMIER.

L'ancien palais des papes à Avignon et ses annexes pourront continuer à recevoir les marchandises déposées en exécution du décret et des arrêtés précités.

ART. 2.

Le magasin de l'entrepôt des douanes à Orléans et ses annexes pourront continuer à recevoir les marchandises déposées en exécution du décret et des arrêtés précités.

ART. 3.

Les bâtiments désignés sous le nom de magasins Laferrière, rue Bertonnière, à Saintes, pourront continuer à recevoir les marchandises déposées en exécution du décret et des arrêtés précités.

ART. 4.

Les bâtiments de l'ancienne église, dite de *Sainte-Marie*, rue d'Auvergne, à Alais (Gard), et leurs annexes pourront recevoir les marchandises déposées en exécution du décret et des arrêtés précités.

ART. 5.

Le magasin de l'entrepôt réel des douanes, à Abbeville (Somme), pourra recevoir les marchandises déposées en exécution du décret et des arrêtés précités.

ART. 6.

Le délégué du ministre des finances est chargé de l'exécution du présent arrêté, qui sera déposé au secrétariat général pour être notifié à qui de droit.

Pour le ministre :
Le Sous-Secrétaire d'État,
E. DUCLERC.

RÉPUBLIQUE FRANÇAISE.

Liberté, Égalité, Fraternité.

Du 23 Avril 1848.

AU NOM DU PEUPLE FRANÇAIS.

LE GOUVERNEMENT PROVISOIRE

DÉCRÈTE :

Une commission sera chargée de présenter un rapport sur les questions relatives au cumul des fonctions publiques salariées.

Cette commission sera composée des sous-secrétaires d'État ou secrétaires généraux, ou chefs de division, choisis par chaque ministre dans les différents services.

Elle sera présidée par le citoyen Flocon, membre du Gouvernement provisoire.

La commission se réunira au ministère des finances.

Fait à Paris, en conseil de Gouvernement, le 22 avril 1848.

Les Membres du Gouvernement provisoire,

Signé DUPONT (de l'Eure), LAMARTINE, LOUIS BLANC, GARNIER-PAGÈS, ALBERT, AD. CRÉMIEUX, ARMAND MARRAST, FLOCON, MARIE, LEDRU-ROLLIN.

Le Secrétaire général du Gouvernement provisoire,
Signé PAGNERRE.

Le ministre des finances vient d'adresser la lettre suivante à un des receveurs particuliers de son administration :

Paris, le 22 avril 1848.

« Monsieur, depuis l'établissement de la République, vous « avez demandé deux fois de l'avancement. Dans vos réclama- « tions, vous faites valoir la constance de vos opinions politi- « ques, l'aversion que vous inspirait un *gouvernement de fraude et « de déception*, et enfin l'oubli délibéré où vous avez été laissé « par le gouvernement déchu, à cause de vos antécédents, de « vos relations et de votre inaltérable patriotisme.

« Vous ajoutez : « Je ne viens pas ici, monsieur le ministre, en « imposer à votre bonne foi, en faisant étalage de mon patrio- « tisme. Mon dossier fixera, à cet égard, votre opinion sur mon « compte. »

« Conformément à vos désirs, monsieur, je me suis fait re- « présenter votre dossier, et voici ce que j'y trouve :

« Nommé, en 1830, à la recette particulière de Bressuire, « qui vaut 9,000 francs, vous avez été envoyé, en 1837, à Fa- « laise avec avancement ;

« En 1840, vous avez été appelé à la recette de Péronne, « qui rapporte 16,000 francs ;

« En 1844, vous avez demandé, *pour votre convenance parti- « culière*, la recette de. . . . ., quoique d'un produit un peu « moindre, et vous avez obtenu cette faveur ;

« En 1840, vous avez été nommé membre de la Légion d'honneur.

« Enfin, monsieur, vous n'avez cessé de solliciter de tous les « ministres une meilleure position.

« Ce n'est pas tout encore. Dans une lettre que vous avez « adressée, *le 30 novembre dernier*, à M. Nouton, alors directeur « du personnel, je lis :

« Pénétré comme je le suis, monsieur, de trouver en vous « l'homme toujours juste, je viens en appeler à cet intérêt que « vous m'avez tant promis, et vous dire que vous pouvez en ce « moment réaliser toutes les espérances d'un père chargé d'une « nombreuse famille, *qui s'est compromis dans les élections der- « nières par dévouement pour le gouvernement qu'il sert, et dont les « efforts, hélas ! trop avérés et sans réussite, ont jeté sur lui une « déconsidération que je ne puis supporter plus lontemps.* »

« Le rapprochement de tous ces faits, monsieur, m'imposait

« un devoir : je l'ai rempli. Par un arrêté en date de ce jour, « j'ai prononcé votre destitution.

« J'ai l'honneur, monsieur, de vous saluer.

« Pour le Membre du Gouvernement provisoire
« Ministre des finances,

« *Le Sous-Secrétaire d'État*,

« E. DUCLERC. »

RÉPUBLIQUE FRANÇAISE.

Liberté, Égalité, Fraternité.

24 avril 1848.

AU NOM DU PEUPLE FRANÇAIS.

Le membre du Gouvernement provisoire ministre des finances,

Vu le décret du 21 mars dernier, et l'arrêté du 26 du même mois, relatifs aux facilités accordées aux négociants qui voudront déposer leurs marchandises dans des magasins agréés par l'État, contre des récépissés transmissibles par voie d'endossement;

Vu l'arrêté du commissaire du Gouvernement provisoire dans le département de la Loire-Inférieure, en date du 5 avril 1848,

ARRÊTE :

ARTICLE PREMIER.

L'entrepôt réel des douanes à Nantes et ses annexes pourront continuer à recevoir les marchandises déposées en exécution des décrets et arrêtés précités.

ART. 2.

Les articles 4 et 6 de l'arrêté précité du commissaire du Gouvernement provisoire dans le département de la Loire-Inférieure, relatifs à la subdivision des récépissés et à la quotité des prêts à faire sur ceux-ci, sont abrogés.

ART. 3.

Le délégué du ministre des finances est chargé de l'exécution du présent arrêté, qui sera déposé au secrétariat général, pour être notifié à qui de droit,

Paris, le 23 avril 1848.

Pour le Ministre;
Le Sous-Secrétaire d'État,
E. DUCLERC.

RÉPUBLIQUE FRANÇAISE.

Liberté, Égalité, Fraternité.

Du 25 avril 1848.

AU NOM DU PEUPLE FRANÇAIS.

Le membre du Gouvernement provisoire ministre des finances,

Vu le décret du 21 mars dernier et l'arrêté du 26 du même mois, relatifs aux facilités accordées aux négociants qui voudront déposer leurs marchandises dans des magasins agréés par l'État, contre des récépissés transmissibles par voie d'endossement;

Vu l'arrêté du commissaire du Gouvernement provisoire dans le département du Nord, en date du 21 avril présent mois;

Vu l'arrêté du commissaire du Gouvernement provisoire dans le département de la Haute-Vienne, en date du 15 avril présent mois;

Vu l'arrêté du commissaire du Gouvernement provisoire dans le département de la Somme, en date du 17 avril présent mois;

Arrête :

ARTICLE PREMIER.

Les greniers de l'hôpital général, ainsi que les magasins situés rue des Foulons, n° 11, à Valenciennes, pourront continuer à recevoir les marchandises déposées en exécution des décrets et arrêtés précités.

ART. 2.

Les articles 4 et 6 de l'arrêté précité du commissaire du Gouvernement provisoire dans le département du Nord, relatifs à la délivrance et à la subdivision des récépissés, sont abrogés.

ART. 3.

Les bâtiments communaux de la Visitation et leurs annexes, à Limoges, pourront continuer à recevoir les marchandises déposées en exécution des décrets et arrêtés précités.

ART. 4.

Le local dépendant de l'ancienne abbaye de Ham, situé rue Notre-Dame, n° 14, à Ham, pourront continuer à recevor les marchandises déposées en exécution des décrets et arrêtés précités.

ART. 5.

Le bâtiment de l'hôtel de ville à Beauvais (Oise), et ses annexes pourront continuer à recevoir les marchandises déposées en exécution des décrets et arrêtés précités.

ART. 6.

Le délégué du ministre des finances est chargé de l'exécution du présent arrêté, qui sera déposé au secrétariat général, pour être notifié à qui de droit.

Paris, le 24 avril 1848.

Pour le Ministre des finances,
Le Sous-Secrétaire d'État,
E. DUCLERC.

RÉPUBLIQUE FRANÇAISE.

Liberté, Égalité, Fraternité.

Du 26 avril 1848.

Rapport au Gouvernement provisoire sur l'établissement d'un bilan général à sanctionner par l'Assemblée nationale comme point de départ de la République.

Citoyens,

A l'époque de l'établissement du gouvernement représentatif, en 1814, aucune comptabilité publique, à l'instar de celle que la France possède aujourd'hui, n'ayant existé sous l'empire, non plus que pendant les périodes politiques qui l'ont précédé, il devint indispensable d'établir une séparation tranchée qui formât le point de départ financier du nouveau gouvernement. De là est né le *découvert du service antérieur au 1er avril 1814*, dont le solde figure encore dans la situation générale de l'administation des finances. La nécessité de la même séparation n'a pas été reconnue lors de la Révolution de 1830, parce que la dynastie seule était changée, et que le principe constitutif du gouvernement restait le même. Nous sommes aujourd'hui dans d'autres conditions en passant d'une monarchie à une République. Je vous propose, en conséquence, citoyens, d'adopter une mesure analogue à celle de 1814. L'époque de séparation gouvernementale au point de vue financier demeurera fixée au 24 février, et les termes en seront obtenus, par voie rétroactive, en appelant toutes les branches de service, de recette et de dépense, à dresser le tableau des droits constatés et réalisés jusqu'à cette époque, pour servir avec le résultat du service de la trésorerie et de la dette inscrite, à déterminer le chiffre du découvert total légué à la République par le gouvernement déchu. Ce travail d'ensemble, dont le département des finances demeurera chargé de centraliser sans retard les nombreux éléments, composera ainsi un *bilan général* à sanctionner, comme point de départ financier, par l'Assemblée nationale. Je ne doute pas, citoyens, que vous n'en appréciez la haute utilité, et j'ai l'honneur de vous soumettre le projet de décret nécessaire à cet effet.

Ce 25 avril 1848.

Le Membre du Gouvernement provisoire,
Ministre des finances,
GARNIER-PAGÈS.

RÉPUBLIQUE FRANÇAISE.

Liberté, Égalité, Fraternité.

Du 26 avril 1848.

AU NOM DU PEUPLE FRANÇAIS.

Le Gouvernement provisoire,

Sur le rapport du ministre des finances,

Décrète :

ARTICLE PREMIER.

Il sera établi par les soins des ministres des finances, pour être soumis ultérieurement à la sanction de l'Assemblée nationale, un bilan général de l'actif et du passif formant le point de départ financier de la République française.

Tous les termes de ce bilan général sont arrêtés à la date du 24 février dernier.

ART. 2.

Le ministre des finances et les ministres des divers départements sont chargés, chacun en ce qui le concerne, de l'exécution du present décret, qui sera inséré au *Bulletin des lois.*

Fait en conseil de Gouvernement.

Paris, 25 avril 1848.

Les Membres du Gouvernement provisoire,
DUPONT (de l'Eure), ARAGO, LAMARTINE, MARIE, CRÉMIEUX, LEDRU-ROLLIN, GARNIER-PAGÈS, LOUIS BLANC, ARMAND MARRAST, ALBERT, FLOCON.

Le Secrétaire général du Gouvernement provisoire,
PAGNERRE.

RÉPUBLIQUE FRANÇAISE.

Liberté, Égalité, Fraternité.

Du 27 avril 1848.

AU NOM DU PEUPLE FRANÇAIS.

LE GOUVERNEMENT PROVISOIRE,

Vu la loi du 8 août 1847, portant fixation des dépenses de l'exercice 1848;

Vu le décret du 2 mars 1848, portant que les corps des citoyens morts pour la République dans les journées des 23 et 24 février 1848 seront déposés dans les caveaux de la colonne de Juillet et réunis aux cendres des combattants de 1830;

Considérant qu'il importe d'exécuter dans ce monument les travaux nécessaires pour la sépulture des corps qui y ont été déposés à la suite de la solennité du 4 mars;

Considérant qu'il n'existe aucun crédit pour acquitter les dépenses de ces travaux, dont le devis s'élève à 29,000 francs;

Sur la proposition du membre du Gouvernement provisoire ministre des travaux publics,

DÉCRÈTE :

ARTICLE PREMIER.

Il est ouvert, sur l'exercice 1848, au ministre des travaux publics, un crédit extraordinaire de 29,000 francs pour être employé au payement des travaux à exécuter à la colonne de Juillet pour la sépulture définitive des citoyens morts en combattant pour la République les 23 et 24 février 1848.

ART. 2.

La régularisation de ce crédit extraordinaire sera proposée à l'Assemblée nationale.

ART. 3.

Les ministres des travaux publics et des finances sont chargés, chacun en ce qui le concerne, de l'exécution du présent décret, qui sera inséré au *Bulletin des lois*.

Fait en conseil de Gouvernement,

Paris, le 26 avril 1848.

Les Membres du Gouvernement provisoire,

DUPONT (de l'Eure), ARMAND MARRAST, GARNIER-PAGÈS, ARAGO ALBERT, MARIE, CRÉMIEUX, LOUIS BLANC, LEDRU-ROLLIN, FLOCON, LAMARTINE.

Le Secrétaire général du Gouvernement provisoire,

PAGNERRE.

RÉPUBLIQUE FRANÇAISE.

Liberté, Égalité, Fraternité.

Du 26 avril 1848.

AU NOM DU PEUPLE FRANÇAIS.

Le Gouvernement provisoire,

Vu le décret du 19 de ce mois, qui prescrit l'établissement, pour l'année 1848, d'une contribution directe sur les créances hypothécaires;

Considérant que, pour assurer dans tous les cas l'exécution de ce décret, des mesures additionnelles sont nécessaires;

Décrète :

ARTICLE PREMIER.

Les propriétaires d'immeubles grevés des hypothèques et priviléges spécifiés en l'article 1er du décret du 19 de ce mois, qui auraient négligé de faire les déclarations prescrites par l'article 2, même décret, pourront être poursuivis directement pour le payement de la contribution, sauf leur recouvrement contre les créanciers.

ART. 2.

En cas de non-payement par les créanciers, le privilége attribué au Trésor public en matière de contribution directe s'exercera avant tout autre sur les sommes dues par le propriétaire de l'immeuble grevé.

ART. 3.

La contribution concernant des étrangers n'ayant point de domicile en France sera comprise dans des rôles rendus exécutoires contre les propriétaires débiteurs, et recouvrés sur ceux-ci à titre d'avance.

ART. 4.

Les propriétaires débiteurs, avant de se libérer envers leurs créanciers, seront tenus de se faire représenter la quittance de la contribution établie par le décret du 19 avril, sous peine d'en demeurer personnellement responsables.

Fait à Paris, en conseil de Gouvernement, le 26 avril 1848.

Les Membres du Gouvernement provisoire,

Signé Dupont (de l'Eure), Arago, Lamartine, Albert, Ad. Crémieux, Flocon, Louis Blanc, Ledru-Rollin, Garnier-Pagès, Armand Marrast, Marie.

Le Secrétaire général du Gouvernement provisoire,

Pagnerre.

RÉPUBLIQUE FRANÇAISE.

Liberté, Egalité, Fraternité.

Du 29 avril 1848.

Rapport fait au Gouvernement de la République, par le membre du Gouvernement provisoire ministre des finances, sur la nécessité de créer l'unité des banques.

Citoyens,

Le but de la République, c'est l'amélioration morale et matérielle du sort du peuple.

Pour augmenter le bien-être général, il faut augmenter la masse des richesses et répartir ensuite cette production nouvelle suivant les lois de l'équité.

Le plus énergique moyen d'accroître la richesse, c'est le développement du crédit.

Donc, le principal devoir du Gouvernement de la République, c'est d'organiser le crédit sur une large et forte base.

Comme toutes les institutions humaines, le crédit se développe suivant une loi générale. Sorti de l'intelligence individuelle, il grandit par l'association et trouve sa consécration définitive dans le concours de la puissance publique.

Les conditions nécessaires de l'existence du crédit, public ou privé, sont maintenant connues. Les utopistes seuls et les songe-creux de la finance ignorent encore que la multiplication indéfinie des instruments, des signes du crédit, est de toutes les impossibilités la plus radicale; qu'une valeur de crédit n'est une valeur réelle que sous la condition expresse de représenter un objet existant et toujours échangeable : marchandise, espèce, meuble ou immeuble.

Le crédit ne crée pas instantanément le capital. Il mobilise le capital préexistant, le rend transmissible, le féconde et le reproduit.

Un billet sort d'un établissement de crédit : que vaut-il? ce qu'il représente dans l'opinion de ceux qui le reçoivent; ni plus ni moins. Si, en réalité ou dans l'opinion, il ne représente rien, il ne vaut rien. De là suit que la multiplication des valeurs de crédit par delà la somme totale des richesses actuellement ou prochainement réalisables n'est qu'une illusion. En les créant, on ne crée que des chiffons de papier noirci.

Une expérience récente, encore visible, découvre clairement

la vérité de ce que j'avance. Au moment où la révolution a éclaté, la situation était celle-ci : depuis longtemps l'esprit de spéculation avait multiplié outre mesure les effets de commerce et les valeurs industrielles de toute sorte ; si bien qu'une masse énorme de ces titres ne représentait plus qu'un capital fictif. Les circonstances ayant nécessité une liquidation subite, ces valeurs, qui ne reposaient que sur une illusion, tout au plus sur une espérance, n'ont pu être échangées contre une valeur réelle. Nécessairement alors elles ont subi une dépréciation considérable, et beaucoup d'entre elles ont été détruites, ont disparu. Quand cette déperdition de valeurs dépasse une certaine limite, c'est la banqueroute. En deçà, ce n'est qu'une crise plus ou moins forte.

Nous avons évité la banqueroute ; j'ai la certitude que nous n'y tomberons pas. Mais la crise qui était depuis longtemps ouverte s'est assez aggravée, elle a été assez redoutable pour occuper toute la sollicitude du Gouvernement provisoire.

Quand j'ai pris en main la gestion des finances de la République, la situation se présentait sous ce double aspect : l'engorgement des portefeuilles, l'encombrement des magasins.

Les anciens intermédiaires du crédit ayant disparu, les commerçants et les industriels ne possédaient plus aucun moyen d'escompter les valeurs dont ils étaient nantis ; et, d'un autre côté, ils ne pouvaient échanger leurs marchandises contre de l'argent, parce que la consommation avait été largement réduite, et même, sur un grand nombre de points, complétement suspendue.

Pour rendre la vie à ces valeurs inertes, il fallait les mobiliser. Nous y avons pourvu, en ce qui concerne les marchandises, par l'établissement des magasins généraux, dont vous connaissez aujourd'hui le mécanisme.

Quant aux effets de portefeuille, deux moyens se présentaient : nous pouvions relever par une assistance directe les intermédiaires antérieurs du crédit ; nous pouvions en créer de nouveaux.

En admettant que le premier mode fût possible, il comportait incontestablement des périls sérieux. Au point de vue financier comme au point de vue politique, et ceci est une considération sur laquelle je n'insisterai pas, j'ai pensé que la sagesse commandait de ne relever aucune des puissances que la monarchie entraînait dans sa chute. J'ai pensé qu'il valait mieux, de tous points, sous tous les rapports, en vue de toutes les éventualités, créer une institution nouvelle qui recevrait du concours de nos nouvelles institutions politiques une puissante faculté d'expansion. De là la création des comptoirs d'escompte, qui, résumant en soi le triple concours des individus, des communes et de l'État, démocratise le crédit, en substituant la tutélaire impartialité de la puissance publique aux égoïstes conseils de la puissance individuelle.

Ce que deviendra cette institution, ce qu'elle produira dans l'intérêt du peuple, de quelle manière elle devra se compléter pour venir efficacement au secours de l'agriculture et pour commanditer les associations volontaires des travailleurs, c'est-à-dire pour fonder pacifiquement la véritable organisation du travail, l'avenir le dira dans peu. Je me borne à observer, à constater que le cadre est assez large pour contenir toutes les applications vraiment utiles, et assez nettement tracé pour que les vagues élans de l'esprit de système n'y viennent point chercher leur place.

Mais, en dehors de cette grande institution, préexistaient d'autres établissements de crédit : les banques. Ces établissements étaient au nombre de dix : la banque de France, à Paris, les banques de Lille, d'Orléans, de Marseille, de Lyon, de Nantes, de Rouen, du Havre, de Bordeaux, de Toulouse. Quelque opinion que l'on ait sur les principes qui doivent présider à l'organisation du crédit dans une république démocratique, il y a un fait que la justice commande de reconnaître : ce fait, c'est que les banques, malgré toutes les imperfections qu'on y peut reprendre, ont rendu au pays des services considérables.

Voici quelles étaient les bases principales de leur organisation.

Les banques vivaient d'une vie propre et d'une vie communiquée. Elles étaient à la fois indépendantes et subordonnées; libres, sous une surveillance efficace. Cette indépendance limitée a produit, dans la pratique, les plus heureux résultats. D'une part, la banque de France, notamment, a recueilli la confiance qui découle de la garantie morale d'un surveillant clairvoyant et désintéressé; elle a obtenu ensuite, par sa propre gestion, un grand crédit personnel, séparé du crédit de l'État. D'où cette conséquence, que le crédit de l'État et celui de la banque ne sont point également affectés par les mêmes vicissitudes; que l'un peut fléchir sans que l'autre soit nécessairement entraîné, et qu'ils peuvent, dans les temps de crise, trouver, l'un chez l'autre, un appui réciproque.

Séparées de l'État, les banques étaient aussi séparées entre elles; elles fonctionnaient isolément, n'ayant les unes avec les autres que des rapports facultatifs et intermittents. Dans les temps ordinaires, il y avait à cela peu d'inconvénients. Comme la circulation était garantie par une réserve métallique, chaque banque, toujours prête à rembourser ses billets, trouvait dans ses ressources personnelles des moyens suffisants pour fomenter suffisamment l'industrie et le commerce.

Mais la crise a éclaté; le numéraire a disparu; les moyens de circulation ont fait défaut. La nécessité parlait; nous l'avons entendue, et, sans hésitation, nous avons déclaré que les billets de banque seraient reçus comme monnaie légale dans toutes les transactions publiques et particulières: ceux de la banque de France, dans toute l'étendue de la République; ceux des banques locales, dans la circonscription de leurs départements respectifs.

Cette mesure était indispensable; elle était salutaire; mais elle avait un inconvénient grave. En restreignant dans un cercle infranchissable la circulation de neuf différentes espèces de billets, déclarés monnaie légale, elle paralysait une grande masse de transactions. Les relations établies entre les départements pourvus de banques et les départements limitrophes se trouvaient forcément rompues. Le service du Trésor lui-même était compromis; car, d'une part, ses agents étaient contraints de recevoir en payement des contributions les billets des banques locales; et, d'autre part, ils ne pouvaient envoyer ces mêmes billets à Paris, où ils n'avaient point cours.

Il fallait donc nécessairement compléter cette première mesure du cours forcé en divisant l'unité du billet-monnaie.

Ce n'est pas tout. La crise avait produit ses ordinaires et inévitables effets. De toutes part affluaient les demandes d'argent, de crédit. Pour satisfaire à toutes ces réclamations, des banques s'étaient vues forcées d'accroître dans une proportion énorme les émissions de leurs billets. Sur quelques points, ces émissions furent portées jusqu'à huit, jusqu'à onze fois le capital réel. Et cependant, en dépit de cette imprudente audace, les besoins se produisaient avec une énergie de plus en plus instante.

L'État se trouvait donc placé dans cette double nécessité, ou de faire rentrer dans des limites sages et régulières la circulation des billets, et alors, en aggravant la crise, de déchaîner une catastrophe, ou bien de lâcher la bride aux émissions, et alors d'exposer les porteurs de billets-monnaie à une perte certaine, et le commerce tout entier à la banqueroute, qui, vous ne l'ignorez pas, est la fin dernière et inévitable de l'excès des émissions.

Enfin, citoyens, les banques, obligées de concentrer autour d'elles toute la puissance de leur action, avaient dû interrompre leurs mutuels rapports.

Une telle situation ne pouvait durer sans péril; il n'était pas possible de laisser plus longtemps les grands centres industriels livrés à toutes les infirmités d'une circulation locale, et partant insuffisante. Après avoir posé un premier remède par l'unité du billet de banque, il fallait nécessairement élargir la circulation en créant l'unité des banques elles-mêmes.

Cette mesure résultait si positivement de la nature des choses, qu'elle fut acceptée sans difficulté sérieuse. En matière de crédit, il n'y a rien de plus impuissant que la force. Je n'ai pas eu à employer même la contrainte morale. C'est dans l'union des cœurs et des volontés que réside la solution de tous les problèmes sociaux, économiques ou politiques; c'est donc une association volontaire que nous avons provoquée: nous l'avons obtenue; que, s'il y a eu quelques retards partiels, cela tient à des circonstances particulières dont l'influence n'aura ni durée ni portée. Tout a cédé ou cédera aux conseils du patriotisme et de l'intérêt bien entendu.

Tenez pour certain, maintenant, que cette mesure ne produira que d'heureux résultats.

Pour les banques et pour les porteurs de leurs billets, c'est d'abord une diminution de risques, la fusion n'étant, au fond, qu'une assurance mutuelle, c'est-à-dire une condition de force.

Pour l'industrie et le commerce, c'est une circulation plus active et plus large, une plus grande facilité d'escompte, des rapports multipliés et non interrompus entre tous les grands établissements de crédit.

Pour l'État, c'est le service de la trésorerie complétement assuré.

A côté de ces avantages, quels dangers? quels inconvénients?

Je n'en vois aucun. Quelques esprits s'alarmeront peut-être de cette concentration de forces dans un établissement qui n'est pas l'État lui-même. Ils craindront ou affecteront de craindre que le pouvoir de la banque ne se pose un jour en rival du pouvoir de l'État. Alarme irréfléchie et vaine ! Dans le projet que nous avons conçu, et qui va vous être soumis, nous avons prudemment, complétement réservé tous les droits essentiels de l'État. Par la nomination du gouverneur et des directeurs, il est investi de tous les moyens d'action qui doivent raisonnablement lui appartenir; et, par l'immixtion des inspecteurs des finances, il acquiert, en outre, le droit qu'il n'avait pas auparavant de tenir l'œil constamment ouvert sur l'administration de la banque. Puissant pour empêcher le mal, il ne sera réellement impuissant que si, par impossible, il voulait user d'une injuste contrainte. Toujours averti, toujours vigilant, il pourra toujours conseiller et obtenir qu'il soit fait droit à de légitimes réclamations, que les nécessités réelles soient reconnues et satisfaites, que le crédit se répartisse ou se concentre suivant le besoin des temps et des localités.

En résumé, citoyens, nous avons aujourd'hui deux instruments de crédit. Tous deux ont leur utilité propre : il faut les conserver tous les deux. Par les comptoirs nationaux d'escompte, la triple puissance des individus, des communes et de l'État fournira au commerce et à l'industrie les secours dont ils ont immédiatement besoin; bientôt l'agriculture participera à ce bienfait, et, par de nouvelles applications, vous arriverez bientôt encore à commanditer ces associations volontaires de travailleurs dont je vous ai déjà parlé. Par la banque indépendante, mais dirigée, libre mais surveillée, vous faciliterez, vous étendrez, vous compléterez l'action des comptoirs; vous assurerez à l'État un concours éventuellement précieux.

Tel est le but, citoyens, tel sera l'effet du décret que j'ai l'honneur de vous soumettre, et dont je vous propose l'adoption.

Le Membre du Gouvernement provisoire Ministre des finances,

GARNIER-PAGÈS.

Le sous-secrétaire d'État,

E. DUCLERC.

RÉPUBLIQUE FRANÇAISE.

Liberté, Égalité, Fraternité.

Du 29 avril 1848.

AU NOM DU PEUPLE FRANÇAIS.

Le Gouvernement provisoire,

Vu les lois du 24 germinal an XI et du 22 avril 1806, le décret du 16 janvier 1808 et la loi du 30 juin 1840, relatifs à la banque de France;

Vu le décret du 18 mai 1808 et l'ordonnance du 25 mars 1841, relatifs à l'organisation des comptoirs de la banque de France;

Vu le décret du 15 mars dernier, dispensant la banque de France de l'obligation de rembourser ses billets en espèces, et prescrivant qu'ils seront reçus comme monnaie légale par les caisses publiques et par les particuliers;

Vu le décret du 25 du même mois, dispensant également les banques départementales de l'obligation de rembourser leurs billets, et statuant qu'ils seront reçus comme monnaie légale par les caisses publiques et par les particuliers dans la circonscription du département où chacun de ces établissements a son siége;

Vu les délibérations des conseils généraux ou des conseils d'administration des banques de Rouen, de Lyon, du Havre, de Lille, de Toulouse, d'Orléans et de Marseille, relatives à leur réunion avec la banque de France, savoir :

La délibération du conseil d'administration de la banque de *Rouen*, en date du 14 avril courant; la délibération de l'assemblée générale des actionnaires de la banque de *Lyon*, en date du 18 du même mois; les délibérations du conseil d'administration de la banque du *Havre*, en date des 8 et 10 du même mois; la délibération du conseil d'administration de la banque de *Lille*, en date du 10 du même mois; la délibération du conseil d'administration de la banque de *Toulouse*, en date du 22 du même mois; les délibérations du conseil d'administration de la banque d'*Orléans*, en date des 9 et 24 du même mois; la délibération du conseil d'administration de la banque de *Marseille*, en date du 18 avril, et la dépêche télégraphique du 25 du même mois;

Vu les délibérations du conseil général de la banque de France, en date des 5, 6, 21 et 24 avril courant;

Vu, enfin, les actes intervenus les 24, 25 et 26 du même mois, en exécution de ces délibérations, entre la banque de France et les délégués des conseils d'administration des banques de Rouen, de Lyon, du Havre, de Lille, de Toulouse, d'Orléans, de Marseille;

Considérant que les billets des banques départementales forment aujourd'hui, pour certaines localités, des signes monétaires spéciaux dont l'existence porte une perturbation déplorable dans toutes les transactions;

Considérant que les plus grands intérêts du pays réclament impérieusement que tout billet de banque déclaré monnaie légale puisse circuler également sur tous les points du territoire;

Vu le rapport du ministre des finances,

Décrète ce qui suit :

ARTICLE PREMIER.

La banque de France et les banques de Rouen, de Lyon, du Havre, de Lille, de Toulouse, d'Orléans et de Marseille sont réunies.

ART. 2.

Les banques départementales énumérées à l'article précédent continueront à fonctionner comme comptoirs de la banque de France, conformément aux règles déterminées par le décret du 18 mai 1808 et par l'ordonnance du 25 mars 1841.

Le nombre actuel des administrateurs de ces banques départementales est maintenu, ainsi que les conseils d'escompte organisés pour le service de quelques-unes d'entre elles.

Le nombre d'actions dont la possession est actuellement exigée en garantie de la gestion des directeurs, censeurs, administrateurs et membres des conseils d'escompte de ces banques départementales, est provisoirement maintenu.

ART. 3.

Les actions de ces banques sont annulées; les actionnaires recevront, en échange, des actions de la banque de France, valeur nominale de 1,000 francs, contre valeur nominale de 2,000 francs.

ART. 4.

Pour l'exécution de l'article précédent, la banque de France est autorisée à émettre 17,200 actions nouvelles, ce qui portera son capital à 85,100 actions de 1,000 fr. chacune (1).

ART. 5.

Par la cession de ces nouvelles actions aux actionnaires des banques de Rouen, de Lyon, du Havre, de Lille, de Toulouse, d'Orléans, de Marseille, la banque de France devient propriétaire de l'actif de ces banques et sera chargée de leur passif.

Les fonds de réserve existant dans chacune de ces banques seront ajoutés aux fonds de réserve de la banque de France.

La réunion des propriétés mobilières et immobilières résultant du présent article sera soumise au droit fixe d'enregistrement concernant les actes de société.

ART. 6.

La banque de France est autorisée à ajouter au maximum de circulation fixé par le décret du 15 mars dernier, le maximum de circulation fixé pour chacune de ces banques départementales par le décret du 25 du même mois.

A partir de la promulgation du présent décret, les billets émis par les banques incorporées à la banque de France seront reçus dans toute l'étendue de la République comme monnaie légale par les caisses publiques et par les particuliers.

Dans les six mois qui suivront, les porteurs desdits billets seront tenus de les présenter à la banque de France ou à ses comptoirs pour les échanger contre des billets de comptoir.

Passé ce délai, ces billets cesseront d'avoir cours de monnaie

---

(1)

Banque de Rouen	3,000	actions	3,000,000
« de Lyon	2,000	«	2,000,000
« du Havre	4,000	«	4,000,000
« de Lille	2,000	«	2,000,000
« de Toulouse	1,200	«	1,200,000
« d'Orléans	1,000	«	1,000,000
« de Marseille	4,000	«	4,000,000
	17,200	«	17,200,000
Banque de France	67,900	«	67,900,000
	85,100	«	85,100,000

légale, sans toutefois que la banque de France et ses comptoirs soient affranchis de l'obligation de les échanger.

ART. 7.

Les inspecteurs des finances, sur l'ordre du ministre des finances, pourront vérifier la situation des comptoirs.

ART. 8.

A l'avenir, les comptoirs de la banque de France porteront la dénomination suivante :

Banque de France. — Succursale de . . . . .

Fait en conseil de Gouvernement, le 27 avril 1848.

Les Membres du Gouvernement provisoire,

DUPONT (de l'Eure), ARAGO, ALBERT, CRÉMIEUX, FLOCON, GARNIER-PAGÈS, LAMARTINE, LOUIS BLANC, ARMAND MARRAST, MARIE, LEDRU-ROLLIN.

Le Secrétaire général du Gouvernement provisoire,

PAGNERRE.

RÉPUBLIQUE FRANÇAISE.

Liberté, Egalité, Fraternité.

Du 1er mai 1848.

AU NOM DU PEUPLE FRANÇAIS.

Le membre du Gouvernement provisoire ministre des finances,

Vu le décret du 2 mars 1848;

Vu les décrets des 17 et 18 du même mois,

ARRÊTE ce qui suit :

ARTICLE PREMIER.

Sont révoqués de leurs fonctions,

MM. Barthe, premier président de la cour des comptes, ancien pair de France;

Barada et Bignon, conseillers maîtres à la même cour, anciens députés;

Rivière de Larque, conseiller référendaire de 1re classe à la même cour, ancien député;

Peyre et de Loynes, conseillers référendaires de 2e classe, anciens députés;

MM. de Flers, Trubert et Bresson, conseillers référendaires de 2e classe.

ART. 2.

La démission de M. Ch. Teste, conseiller référendaire de 2e classe à la cour des comptes, est acceptée.

ART. 3.

Le présent arrêté sera déposé au secrétariat général, et notifié à qui de droit.

Fait à Paris, le 1er mai 1848.

Pour le Gouvernement provisoire :

Le Ministre des finances, délégué du Gouvernement provisoire,

GARNIER-PAGÈS.

RÉPUBLIQUE FRANÇAISE.

Liberté, Égalité, Fraternité.

Du 1er mai 1848.

AU NOM DU PEUPLE FRANÇAIS.

Le membre du Gouvernement provisoire, ministre des finances,

Vu le décret du 2 mars 1848,

ARRÊTE ce qui suit :

ARTICLE PREMIER.

Sont admis à faire valoir leurs droits à la retraite :

MM. Delaire, président de chambre à la cour des comptes;
Pacquier, conseiller maître à la même cour;
Dupont, Pierret, Du Boy, Hue de Grosbois, Duparc, Regnaud, conseillers référendaires de 1re classe;
De Guernon, Wasset, conseillers référendaires de 2e classe.

ART. 2.

Le présent arrêté sera déposé au secrétariat général, et notifié à qui de droit.

Fait à Paris, le 1er mai 1848.

Pour le Gouvernement provisoire :

Le Ministre des finances, délégué du Gouvernement provisoire,

GARNIER-PAGÈS.

RÉPUBLIQUE FRANÇAISE.

Liberté, Égalité, Fraternité.

AU NOM DU PEUPLE FRANÇAIS.

Du 1er mai 1848.

Le membre du Gouvernement provisoire, ministre des finances,

Vu le décret du 2 mars 1848,

ARRÊTE ce qui suit :

ARTICLE PREMIER.

M. Savin de Surgy, conseiller maître, est nommé président de chambre à la cour des comptes.

ART. 2.

Sont élevés à la 1re classe, les conseillers référendaires de 2e classe dont les noms suivent :

MM. Luzier de la Mothe, à l'ancienneté ;
Grandet, au choix ;
De Guerny, à l'ancienneté ;
Périer (Adolphe), au choix.

ART. 3.

Sont nommés conseillers référendaires de 2e classe :

MM. Receveau (Jean-Louis), ancien comptable ;
Bougrain (François-Martin), ancien notaire ;
Thierry (de Metz), ancien comptable.

ART. 4.

Le présent arrêté sera déposé au secrétariat général et notifié à qui de droit.

Fait à Paris, le 1er mai 1848.

Pour le Gouvernement provisoire :

Le Ministre des finances, délégué du Gouvernement provisoire,

GARNIER-PAGÈS.

RÉPUBLIQUE FRANÇAISE.

Liberté, Égalité, Fraternité.

AU NOM DU PEUPLE FRANÇAIS.

Le membre du Gouvernement provisoire, ministre des finances,

Vu le décret du 2 mars 1848;
Vu le décret de ce jour,
ARRÊTE ce qui suit :

ARTICLE PREMIER.

M. Goussard, premier secrétaire du parquet de la cour des comptes, est nommé substitut du procureur général.

ART. 2.

Le présent arrêté sera déposé au secrétariat général et notifié à qui de droit.

Fait à Paris, le 2 mai 1848.

Pour le Gouvernement provisoire :

Le Ministre des finances, délégué du Gouvernement provisoire,

GARNIER-PAGÈS.

RÉPUBLIQUE FRANÇAISE.

Liberté, Égalité, Fraternité.

Du 3 mai 1848.

AU NOM DU PEUPLE FRANÇAIS.

LE GOUVERNEMENT PROVISOIRE,

Vu le décret du 27 avril dernier, relatif à la fusion de la banque de France avec les banques départementales de Rouen, de Lyon, du Havre, de Lille, de Toulouse, d'Orléans et de Marseille;

Vu la délibération du conseil d'administration de la banque de Nantes, en date du 26 avril dernier;

Vu la délibération du conseil d'administration de la banque de Bordeaux, en date du 27 avril dernier;

Vu les délibérations du conseil général de la banque de France, en date des 5, 6, 21 et 24 avril dernier;

Vu enfin les actes intervenus les 29 avril dernier et 2 mai courant, en exécution de ces délibérations, entre la banque de France et les délégués des conseils d'administration des banques de Nantes et de Bordeaux;

DÉCRÈTE :

ARTICLE PREMIER.

La banque de France et les banques de Nantes et de Bordeaux sont réunies.

ART. 2.

Toutes les clauses et dispositions portées dans le décret du 27 avril dernier sont applicables à la réunion de la banque de France avec les banques de Nantes et de Bordeaux.

Fait en conseil de Gouvernement, le 2 mai 1848.

Les Membres du Gouvernement provisoire,

DUPONT (de l'Eure), FLOCON, ARAGO, LAMARTINE, CRÉMIEUX, LEDRU-ROLLIN, GARNIER-PAGÈS, MARRAST, MARIE, ALBERT, LOUIS BLANC.

RÉPUBLIQUE FRANÇAISE.

Liberté, Egalité, Fraternité.

Du 2 mai 1848.

AU NOM DU PEUPLE FRANÇAIS.

LE GOUVERNEMENT PROVISOIRE DE LA RÉPUBLIQUE,

Voulant réaliser, dans l'organisation de la cour des comptes, les réformes et les économies commandées par les circonstances et compatibles avec le bien du service ;

Voulant, en outre, introduire dans cette institution les conditions fixes et régulières d'admission et d'avancement que réclament l'expérience et l'opinion publique ; et fortifier ainsi la cour des comptes dans l'accomplissement de la mission qui lui est conférée dans l'intérêt national ;

Vu la loi du 16 septembre 1807, le décret du 28 du même mois, et l'ordonnance réglementaire du 31 mai 1838 ;

Sur le rapport du ministre des finances,

DÉCRÈTE ce qui suit :

ARTICLE PREMIER.

L'article 2 de la loi du 16 septembre 1807, concernant l'organisation de la cour des comptes, est modifié ainsi qu'il suit :

Le nombre des conseillers maîtres est réduit de dix-huit à douze.

Le nombre des conseillers référendaires de première classe est réduit de dix-huit à quinze.

Le nombre des conseillers référendaires de seconde classe est réduit de soixante-deux à cinquante-cinq.

ART. 2.

Les fonctions de conseiller référendaire de seconde classe seront dévolues, savoir : moitié à des citoyens qui justifieront de six ans de services publics, moitié au choix du ministre des finances.

ART. 3.

L'article 14 du décret du 28 septembre 1807, relatif à l'admission dans la première classe des conseillers référendaires, est modifié ainsi qu'il suit :

Deux tiers des vacances sont attribués au choix dans la seconde classe, et un tiers à l'ancienneté dans la même classe.

ART. 4.

La moitié au moins des vacances parmi les conseillers maîtres est attribuée à la première classe des conseillers référendaires.

Pour les nominations de conseillers maîtres faites en dehors de cette classe, il devra être justifié de quinze ans au moins d'exercice de fonctions publiques.

ART. 5.

L'article 5 de la loi du 16 septembre 1807 est modifié ainsi qu'il suit :

Chaque chambre ne pourra juger qu'à trois membres au moins.

ART. 6.

Le premier secrétaire du parquet remplira les fonctions et aura le titre de substitut du procureur général.

Il jouira du traitement de référendaire de seconde classe et concourra avec cette classe pour l'avancement.

ART. 7.

Les dispositions des lois et règlements concernant la cour des comptes auxquelles il n'est pas dérogé par le présent décret continueront d'être en vigueur.

ART. 8.

Le ministre des finances est chargé de l'exécution du présent décret.

Fait à Paris, en conseil de Gouvernement, le 2 mai 1848.

Les Membres du Gouvernement provisoire,

DUPONT (de l'Eure), ARAGO, LAMARTINE, LEDRU-ROLLIN, GARNIER-PAGÈS, ALBERT, LOUIS BLANC, AD. CRÉMIEUX, ARMAND MARRAST, F. FLOCON, MARIE.

RÉPUBLIQUE FRANÇAISE.

Liberté, Égalité, Fraternité.

AU NOM DU PEUPLE FRANÇAIS.

LE GOUVERNEMENT PROVISOIRE,

Sur le rapport du ministre des finances,

DÉCRÈTE ce qui suit :

ARTICLE PREMIER.

Les monnaies d'or, d'argent et de cuivre seront gravées au type de la République et porteront pour légende ces mots : *République française*. Sur le revers seront gravées d'une manière apparente, au milieu d'un encadrement de feuilles de chêne et d'olivier, la valeur de la pièce et l'année de la fabrication.

ART. 2.

Les monnaies nationales sont :

1° Pour l'or, les pièces de 40 francs, 20 francs et 10 francs ;

2° Pour l'argent, les pièces de 5 francs, 2 francs, 1 franc, 50 centimes et 20 centimes ;

3° Pour le cuivre, les pièces de 10 centimes, 5 centimes, 2 centimes et 1 centime.

Le diamètre, le poids et les tolérances des pièces d'or de 40 francs et 20 francs, et des pièces d'argent de 5 francs, 2 fr., 1 franc, 50 centimes, seront les mêmes que ceux fixés pour la loi du 7 germinal an XI.

Le poids des pièces de 20 centimes sera de 1 gramme, et leur diamètre de 15 millimètres.

La pièce de 10 francs sera à la taille de 310 pièces au kilogramme, au poids de 3 grammes 2,258, au diamètre de 18 millimètres. La tolérance de poids sera de 2 millièmes en dessus et 2 millièmes en dessous, conformément à l'article 9 de la loi du 7 germinal an XI.

Le diamètre des pièces de 10 centimes sera de 30 millimètres.

de 5	de 25
de 2	de 20
de 1	de 15

Le poids des pièces de 10 centimes sera de 10 grammes.

de 5	de 5
de 2	de 2
de 1	de 1

Les tolérances de poids seront, pour les monnaies de cuivre,
Un *centième* en dessus et un *centième* en dessous.

ART. 3.

La tranche des pièces de 40 francs, 20 francs et 5 francs portera ces mots en relief :

Dieu protége la France.

Les pièces de 10 francs en or, de 2 francs, 1 franc, 50 centimes, 20 centimes, en argent, seront frappées en virole cannelée.

La tranche des monnaies de cuivre sera unie.

ART. 4.

Le ministre des finances est chargé de l'exécution du présent décret, qui sera inséré au *Bulletin des lois*.

Fait à Paris, en conseil de Gouvernement, le 3 mai 1848.

Les Membres du Gouvernement provisoire,

DUPONT (DE L'EURE), LAMARTINE, CRÉMIEUX, ALBERT, MARIE, FRANÇOIS ARAGO, LEDRU-ROLLIN, GARNIER-PAGÈS, ARMAND MARRAST, FERDINAND FLOCON, LOUIS BLANC.

Le Secrétaire général du Gouvernement provisoire,

PAGNERRE.

RÉPUBLIQUE FRANÇAISE.

Liberté, Égalité, Fraternité.

3 mai 1848.

AU NOM DU PEUPLE FRANÇAIS.

LE GOUVERNEMENT PROVISOIRE,

Vu le décret du 3 mai 1848,

Considérant que le moyen le plus certain d'obtenir dans la fabrication des monnaies nationales toute la perfection que les progrès des arts permettent de leur donner est d'ouvrir un concours parmi tous les graveurs en médailles;

D'après l'avis de la commission des monnaies et médailles, et sur le rapport du ministre des finances, décrète ce qui suit :

ARTICLE 1er.

Il est ouvert un concours pour la gravure des coins des monnaies d'or, d'argent et de cuivre, qui doivent être frappées au type de la République.

Ce type devra affecter un caractère différent pour chaque métal.

ART. 2.

Tous les graveurs français sont appelés à participer à ce concours, en se conformant aux instructions de la commission des monnaies, approuvées par M. le ministre des finances.

Un délai de trois mois, à partir de la promulgation du présent décret, est accordé aux concurrents pour la remise de leur travail entre les mains de la commission des monnaies.

ART. 3.

Un jury spécial prononcera sur la préférence à accorder pour la gravure du coin des monnaies de la République.

ART. 4.

Ce jury sera composé de onze membres. Sept seront choisis par les artistes eux-mêmes, dont deux au moins parmi les membres de l'Institut, un par le ministre des finances; les trois autres seront le président et les deux commissaires généraux des monnaies, qui, toutefois, ne compteront que pour une voix dans la délibération du jury.

ART. 5.

Le jury institué par l'article 3 du présent décret sera formé à l'avance, et assistera, avec les artistes concurrents, au tirage, à la presse monétaire, des pièces qui seront frappées avec les coins présentés au concours.

Ces pièces seront exposées publiquement dans la salle du musée de l'hôtel des monnaies, pendant les huit jours qui précéderont le jugement du jury.

ART. 6.

Les pièces de 20 francs, 5 francs et 10 centimes seront celles sur lesquelles portera le concours.

Trois prix de 10,000 francs chacun seront accordés pour la gravure de la tête et du revers de chacune de ces pièces.

Au moyen de cette somme, l'artiste aura à fournir,

Pour la tête :

1 matrice originale, avec lettres, grenetis, listel.

1 poinçon original, avec lettres, grenetis, listel.
1 matrice de service, avec lettres, grenetis, listel.

Pour revers :

1 matrice originale, avec lettres, grenetis, listel.
1 poinçon original, avec lettres, grenetis, listel.
1 matrice de service, avec lettres, grenetis, listel.

Après le concours il complétera la fourniture des originaux.

L'artiste dont l'ouvrage aura été préféré pour la pièce de 20 francs sera chargé de graver les pièces de 40 francs et de 10 francs.

Celui dont l'ouvrage aura été préféré pour la pièce de 5 francs sera chargé de graver les pièces de 2 francs, 1 franc, 50 centimes et 20 centimes.

Celui dont l'ouvrage aura été préféré pour les pièces de 10 centimes sera chargé de graver les pièces de 5 centimes, 2 centimes et 1 centime.

Les matrices des pièces d'or de 40 francs et de 10 francs, les matrices des pièces d'argent de 2 francs, 1 franc, 50 centimes et 20 centimes, celles des pièces de cuivre de 5 centimes, 2 centimes, 1 centime, seront payées séparément, en sus des prix ci-dessus réglés, et qui s'appliquent seulement aux pièces de 20 francs, 5 francs et 10 centimes.

Le prix en sera réglé par le ministre des finances et indiqué dans le programme du concours inséré au *Moniteur*.

ART. 7.

Une indemnité de 1,000 francs sera accordée à chacun des deux concurrents qui auront le plus approché du prix pour chacune des trois pièces mises au concours.

ART. 8.

Le ministre des finances est chargé de l'exécution du présent décret, qui sera inséré au *Bulletin des lois*.

Fait à Paris, le 3 mai 1848.

Les Membres du Gouvernement provisoire,

DUPONT (de l'Eure), LEDRU-ROLLIN, ALBERT, LOUIS BLANC, FLOCON, CRÉMIEUX, GARNIER-PAGÈS, MARIE, FRANÇOIS ARAGO, ARMAND MARRAST, LAMARTINE.

Le Secrétaire général du Gouvernement provisoire,

PAGNERRE.

RÉPUBLIQUE FRANÇAISE.

Liberté, Égalité, Fraternité.

Du 4 Mai 1848.

AU NOM DU PEUPLE FRANÇAIS.

LE GOUVERNEMENT PROVISOIRE,

Considérant que la refonte générale des monnaies de cuivre, de métal de cloche et de bronze, fabriquées il y a plus d'un demi-siècle, est une opération depuis longtemps réclamée par le vœu public;

Que la difformité de ces monnaies, leur poids incommode et la diversité de leurs empreintes, sont autant de motifs qui, sous le rapport de l'art, et dans l'intérêt des transactions commerciales, doivent faire désirer de les voir disparaître entièrement de la circulation;

Que l'action du frai, en altérant leur empreinte, a facilité les fabrications illicites des monnaies de bronze et l'introduction frauduleuse des espèces de cuivre étrangères;

Attendu qu'il est urgent de faire cesser d'aussi graves inconvénients, en substituant à ces monnaies une monnaie nouvelle en rapport avec les progrès des arts, en harmonie avec le système décimal, et dont les empreintes, aussi parfaites que celles des monnaies d'or et d'argent, opposent les mêmes difficultés à la contrefaçon;

Que la fabrication de pièces de 1 et de 2 centimes est surtout réclamée par les citoyens peu aisés qui se plaignent avec raison d'être privés d'une monnaie nécessaire à leurs besoins et à leurs intérêts les plus urgents;

Qu'il y a lieu de satisfaire à un désir général et bien légitime, celui de voir l'effigie de la République sur les monnaies dont la circulation est la plus étendue:

Sur le rapport du ministre des finances,

DÉCRÈTE ce qui suit:

ARTICLE PREMIER.

Seront retirées de la circulation et démonétisées les anciennes monnaies de cuivre, de bronze et de métal de cloche.

Des arrêtés fixeront les époques auxquelles ces monnaies cesseront d'avoir cours légal et forcé et ne seront plus admises dans les caisses de l'État.

ART. 2.

Il sera fabriqué une monnaie de cuivre au type de la République.

Les pièces nouvelles seront :

De un, de deux, de cinq et de dix centimes.

Elles auront les poids et les diamètres suivants, savoir :

Pièces.	Poids.	Diamètres.
1 centime.	1 gramme.	15 millimètres.
2 *id.*	2 *id.*	20 *id.*
5 *id.*	5 *id.*	25 *id.*
10 *id.*	10 *id.*	30 *id.*

La tolérance du poids en *fort* et en *faible* sera de 10 grammes par kilogramme.

ART. 3.

La fabrication de la nouvelle monnaie de cuivre commencera aussitôt après la clôture des opérations du concours qui va être ouvert pour la gravure du type des monnaies nationales.

ART. 4.

La somme représentée par les nouvelles monnaies de cuivre à émettre ne pourra, dans aucun cas, dépasser de plus de cinq millions de francs la valeur nominale des monnaies de cuivre, de bronze et de métal de cloche démonétisées en exécution du présent décret.

Le membre du Gouvernement provisoire ministre des finances est chargé de l'exécution du présent décret.

Fait en conseil de Gouvernement.

Paris, ce 3 mai 1848.

Les Membres du Gouvernement provisoire,

Dupont (de l'Eure), Lamartine, Louis Blanc, Garnier-Pagès, Albert, Ad. Crémieux, Armand Marrast, Flocon, Marie, Ledru-Rollin, Arago.

Le Secrétaire général du Gouvernement provisoire,

Signé Pagnerre.

RÉPUBLIQUE FRANÇAISE.

Liberté, Égalité, Fraternité.

AU NOM DU PEUPLE FRANÇAIS.

Le Gouvernement provisoire de la République,

Vu l'article 219 du Code forestier;
Vu la loi du 22 juillet 1847;
Décrète :

ARTICLE PREMIER.

A partir de la promulgation du présent décret, toutes les autorisations de défrichement de bois appartenant aux particuliers, aux communes ou aux établissements publics, ne seront accordées qu'à la condition de payer une taxe de 25 p. o/o de la plus-value résultant de la conversion du sol boisé en terres arables, prés et autres natures de culture.

Cette taxe sera de 50 p. o/o de ladite plus-value, à l'égard des bois nationaux aliénés sans faculté de défricher, depuis la promulgation du Code forestier, ou qui pourront l'être à l'avenir, pourvu, néanmoins, qu'ils se trouvent sous la main des premiers acquéreurs, ou que la vente n'en soit effectuée par ces derniers que postérieurement au présent décret.

ART. 2.

Seront exempts de toute taxe les bois, parcs et autres terrains auxquels s'appliquent les dispositions exceptionnelles de l'article 223 du Code forestier.

ART. 3.

La plus-value destinée à servir de base à la taxe sera fixée par le conseil de préfecture, sur les rapports des agents de l'administration des forêts et de celle des contributions directes, et après observations du propriétaire du bois à défricher et du conseil municipal de la commune sur le territoire de laquelle ledit bois se trouvera situé.

ART. 4.

Le délai de péremption stipulé au deuxième paragraphe de l'article 219 du Code forestier n'est point applicable à la durée des opérations et formalités nécessaires pour déterminer le chiffre de la taxe.

ART. 5.

Dans les huit jours de l'arrêté du conseil de préfecture, le commissaire du Gouvernement fera notifier au propriétaire la plus-value définitivement fixée par cet arrêté et la somme qu'il aura à verser pour prix de la taxe.

ART. 6.

Le propriétaire fera connaître s'il accepte ou s'il repousse l'évaluation.

Dans le premier cas, il aura la faculté de procéder au défrichement, après toutefois avoir justifié du payement intégral de la taxe à la caisse du receveur des domaines du canton.

Dans le second cas, l'autorisation de défricher sera suspendue de plein droit, sans cependant cesser d'être valable, si, plus tard, le propriétaire consent à payer la taxe déterminée.

La taxe restera fixée pour dix ans. Passé ce délai, et dans le cas où le propriétaire déclarerait être dans l'intention de s'y soumettre, elle sera révisée et arrêtée de nouveau d'après la marche tracée par le présent décret.

ART. 7.

La justification du payement de la taxe sera faite à l'agent forestier chef de service au moyen de la quittance en règle du receveur, qui devra lui être présentée.

L'agent forestier, au vu de cette pièce, délivrera le permis de défricher.

ART. 8.

Antérieurement à la délivrance dudit permis, il ne sera assigné aucun terme de payement au propriétaire, qui aura pour se libérer toute latitude, et pourra d'avance exploiter et réaliser la superficie entière de son bois.

ART. 9.

En cas de contravention aux dispositions du troisième paragraphe de l'article 6 ci-dessus, le propriétaire sera condamné à une amende double de la plus-value fixée en exécution des articles 1er et 3 du présent décret.

Fait à Paris, en conseil de Gouvernement, le 2 mai 1848.

Les Membres du Gouvernement provisoire,

DUPONT (DE L'EURE), ARAGO, ALBERT, MARIE, FLOCON, GARNIER-PAGÈS, LAMARTINE, LOUIS BLANC, ARMAND MARRAST, CRÉMIEUX, LEDRU-ROLLIN.

Le Secrétaire général du Gouvernement provisoire,

PAGNERRE.

RÉPUBLIQUE FRANÇAISE.

Liberté, Égalité, Fraternité.

Du 5 mai 1848.

AU NOM DU PEUPLE FRANÇAIS.

Le Gouvernement provisoire,

Vu le décret du 31 mars 1848, qui a supprimé les exercices dans les débits et modifié la perception de l'impôt sur les boissons;

Vu le budget des dépenses en ce qui concerne les frais de régie de perception et d'exploitation des impôts et revenus publics;

Considérant qu'il est nécessaire de réorganiser le service des contributions indirectes dans les départements;

Considérant qu'il convient de reviser les traitements, taxations et remises allouées aux divers agents de cette administration;

Sur le rapport du ministre des finances,

Décrète :

ARTICLE PREMIER.

A partir du 1er juillet prochain, les taxations des employés de tous grades et les remises des entreposeurs de tabacs et de poudres à feu cesseront d'être allouées.

Une partie du crédit affecté à cette dépense pourra être appliquée à la fixation des appointements qui aura lieu à la même époque par suite d'une nouvelle classification des emplois.

Les sommes représentant les indemnités pour frais de tournée et pour entretien d'un cheval, cesseront d'être comprises dans les appointements; elles seront distraites, en conséquence, du chapitre LIII du budget intitulé *Personnel*, et reportées au chapitre LV, *Dépenses diverses*.

ART. 2.

Le ministre des finances est chargé de l'exécution du présent décret, qui sera inséré au *Bulletin des lois*.

Fait à Paris, en conseil de Gouvernement, le 2 mai 1848.

Les Membres du Gouvernement provisoire,

Dupont (de l'Eure), Flocon, Marrast, Albert, Lamartine, Ledru-Rollin, Ad. Crémieux, Marie, Louis Blanc, Arago, Garnier-Pagès.

Pour copie conforme :

Le Chef du secrétariat,

B. Saint-Hilaire.

RÉPUBLIQUE FRANÇAISE.

Liberté, Égalité, Fraternité,

AU NOM DU PEUPLE FRANÇAIS.

Le Gouvernement provisoire,

Vu le titre V de la loi du 28 avril 1816;

Vu l'ordonnance du 27 août 1839, relative à la fixation du prix des tabacs,

Décrète :

ARTICLE PREMIER.

A partir de la publication du présent décret, le prix de vente du tabac ordinaire, en poudre et à fumer, et qui a été fixé, par l'ordonnance du 27 août 1839, à 7 francs le kilogramme pour les débitants, est élevé à 7 francs 25 centimes. Celui pour les consommateurs est maintenu au prix actuel de 8 francs.

ART. 2.

Le prix du tabac à prix réduits, en poudre et à fumer, qui est maintenant de 5 francs 55 centimes le kilogramme pour les débitants, est fixé à 5 francs 80 centimes. Il n'est rien changé au prix actuel de 6 francs 50 centimes pour les consommateurs.

Fait à Paris, le 2 mai 1848.

Les Membres du Gouvernement provisoire de la République française,

Dupont (de l'Eure), Ad. Crémieux, Arago, Ledru-Rollin, Flocon, Armand Marrast, Marie, Albert, Louis Blanc, Garnier-Pagès, Lamartine.

Pour copie conforme :

Le Chef du secrétariat général,

B. Saint-Hilaire.

RÉPUBLIQUE FRANÇAISE.

Liberté, Égalité, Fraternité.

AU NOM DU PEUPLE FRANÇAIS.

Le membre du Gouvernement provisoire ministre des finances,

Vu le décret du 21 mars dernier et les arrêtés des 21 et 26 du même mois, relatifs aux facilités accordées aux négociants qui voudront déposer leurs marchandises dans des magasins agréés par l'État, contre des récépissés transmissibles par voie d'endossement;

Vu l'arrêté du commissaire du Gouvernement dans le département de Saône-et-Loire, en date du 7 avril 1848,

ARRÊTE :

ARTICLE PREMIER.

Les bâtiments de l'ancien hôtel de ville à Châlons-sur-Saône et ses annexes pourront continuer à recevoir les marchandises déposées en exécution du décret et des arrêtés précités.

ART. 2.

Le délégué du ministre des finances est chargé de l'exécution du présent arrêté, qui sera déposé au secrétariat général pour être notifié à qui de droit.

Fait à Paris, le 4 mai 1848.

Le Membre du Gouvernement provisoire ministre des finances,

GARNIER-PAGÈS.

RÉPUBLIQUE FRANÇAISE.

Liberté, Égalité, Fraternité.

Du 5 mai.

AU NOM DU PEUPLE FRANÇAIS.

LE GOUVERNEMENT PROVISOIRE,

Considérant que la réorganisation générale des services publics doit entraîner de nombreuses réformes et suppressions d'emplois;

Qu'en réalisant des économies importantes dans l'intérêt des contribuables, l'État ne doit pas méconnaître les services rendus;

Qu'il ne serait pas juste d'exiger des fonctionnaires et employés remplacés en ce moment les conditions rigoureuses du droit à la retraite, lorsqu'on leur enlève la faculté de les accomplir;

Que le succès même de la réorganisation exige qu'une disposition exceptionnelle permette de concilier l'humanité et l'économie, afin que l'Administration ne soit pas entravée dans l'exécution de mesures réclamées par les nécessités publiques;

Que les caisses de retraites, d'après les principes de leur institution, ne sont appelées à servir que les pensions acquises dans les conditions ordinaires, c'est-à-dire par la durée des services, l'invalidité naturelle ou le grand âge des employés, mais que ces établissements peuvent être d'autant moins tenus à supporter la charge des pensions qui sont la conséquence d'une réorganisation générale, que de semblables mesures, en augmentant les pensions, ont en même temps pour effet de diminuer le produit des retenues par la réduction même des traitements;

Que, dans une telle situation, il est équitable que l'État affecte temporairement au service des pensions exceptionnellement acquises aux employés réformés une partie des économies réalisées,

DÉCRÈTE ce qui suit :

ARTICLE PREMIER.

Les fonctionnaires et employés qui, du 25 février au 25 juillet de la présente année, auront été réformés pour cause de suppression d'emploi, de réorganisation, ou par toute autre mesure administrative qui n'aurait pas le caractère de révocation ou de destitution, pourront obtenir pension, s'ils réunissent vingt ans de services, dont quinze ans au moins entièrement accomplis dans la partie active, ou vingt-cinq ans indistinctement accomplis dans la partie active ou sédentaire.

Cette pension sera calculée pour chaque année de service civil, à raison d'un soixantième du traitement moyen des quatre dernières années d'exercice. En aucun cas, elle ne devra excéder le maximum de la pension de retraite affectée à chaque emploi.

ART. 2.

Ceux des fonctionnaires et employés réformés qui ne compteront pas la durée de services exigée par l'article précédent obtiendront une indemnité temporaire réglée dans les proportions fixées par ledit article, et dont la jouissance sera limitée à un temps égal à celui de la durée de leurs services dans le ministère ou l'administration où se terminera leur activité.

ART. 3.

Les pensions concédées en vertu de l'article 1er ci-dessus seront éventuellement réversibles sur la tête des veuves et des enfants des titulaires, aux conditions du règlement général du 12 janvier 1825.

ART. 4.

Mesure transitoire. La moitié des économies obtenues par suite de réorganisation ou de suppression d'emplois pourra être spécialement affectée au service des pensions et indemnités concédées en vertu du présent décret.

Fait à Paris, le 2 mai 1848, en conseil de Gouvernement.

Les Membres du Gouvernement provisoire,

DUPONT (de l'Eure), ARAGO, ALBERT, MARIE, ARMAND MARRAST, LEDRU-ROLLIN, GARNIER-PAGÈS, LAMARTINE, FLOCON, AD. CRÉMIEUX, LOUIS BLANC.

RÉPUBLIQUE FRANÇAISE.

Liberté, Égalité, Fraternité.

Du 27 avril 1848.

AU NOM DU PEUPLE FRANÇAIS.

LE GOUVERNEMENT PROVISOIRE,

Vu l'arrêté du 1er mars deenier, relatif à l'administration des biens de l'ancienne liste civile;

Vu celui du 5 du même mois, portant création d'une commission de liquidation pour les mêmes biens;

Vu l'arrêté du 18 du même mois, qui fait rentrer les musées du Louvre, du Luxembourg, de Versailles, et les galeries des anciennes résidences royales dans les attributions du département de l'intérieur, et les manufactures de Sèvres, des Gobelins et de Beauvais dans celles du département du commerce;

Vu l'arrêté du 27 du même mois, qui ordonne la remise des bois et forêts de l'ancienne liste civile à l'administration des forêts de l'État;

Considérant que, l'ancienne liste civile ayant cessé d'exister, tous les biens meubles et immeubles qui, aux termes de la loi du 2 mars 1832, composaient la dotation de la couronne, sont rentrés de plein droit dans le domaine de l'État;

Que dès lors ces biens doivent être régis et administrés dans la même forme et sous la même autorité que les autres propriétés nationales,

Décrète :

Art. 1er.

L'administration des domaines prendra possession de tous les biens meubles et immeubles qui composaient l'ancienne dotation de la couronne, à l'exception de ceux qui auraient été régulièrement affectés ou remis à des services publics par actes des autorités compétentes.

Art. 2.

Le ministre des finances, sur la proposition de l'administration des domaines, prescrira les mesures d'exécution les plus propres à assurer cette prise de possession dans un bref délai.

Fait à Paris, le 27 avril 1848, en conseil de Gouvernement.

Les Membres du Gouvernement provisoire,

Dupont (de l'Eure), Lamartine, Armand Marrast, Garnier-Pagès, Albert, Marie, Ledru-Rollin, Flocon, Ad. Crémieux, Louis Blanc, Arago.

RÉPUBLIQUE FRANÇAISE.

Liberté, Égalité, Fraternité.

Du 5 mai 1848.

AU NOM DU PEUPLE FRANÇAIS.

Le membre du Gouvernement provisoire ministre des finances,

Vu le décret du 21 mars dernier et les arrêtés des 21 et 26 du même mois, relatifs aux facilités accordées aux négociants qui voudront déposer leurs marchandises dans des magasins agréés par l'État, contre des récépissés transmissibles par voie d'endossement ;

Vu l'arrêté du commissaire du Gouvernement dans le département de Loir-et-Cher, en date du 22 avril dernier,

Arrête :

Article premier.

L'ancien couvent des Augustins, à Saint-Aignan, et ses annexes pourront recevoir les marchandises déposées en exécution du décret et des arrêtés précités.

Art. 2.

Les magasins affectés actuellement à l'entrepôt réel des

douanes de la ville de Marseille pourront, sous les formalités et garanties prescrites pour ledit entrepôt réel, recevoir les marchandises déposées en exécution du décret et des arrêtés précités.

ART. 3.

Le délégué du ministre des finances est chargé de l'exécution du présent arrêté, qui sera déposé au secrétariat général pour être notifié à qui de droit.

Fait à Paris, le 5 mai 1848.

Pour le Ministre des finances :
Le Sous-Secrétaire d'État,
E. DUCLERC.

RÉPUBLIQUE FRANÇAISE.

Liberté, Égalité, Fraternité.

SITUATION FINANCIÈRE ET ÉCONOMIQUE DE LA FRANCE AU MOMENT DE LA RÉVOLUTION.

Citoyens,

Vous connaissez l'histoire financière du gouvernement déchu. Chaque année, depuis dix-sept ans, les commissions du budget, la tribune, la presse, en ont exposé au pays les menaçantes phases. A peine entré aux affaires, j'en ai constaté les résultats: c'était la désorganisation érigée en système, et, au bout du système, la banqueroute.

Au moment où la nation a proclamé la République, une catastrophe était visiblement inévitable. Tous les services publics se trouvaient compromis, les transactions particulières livrées à l'aventure.

Depuis plusieurs années le *budget* se soldait régulièrement en un large déficit. Pour l'année dernière, les dépenses votées, non compris le chapitre obligé des crédits complémentaires, ne s'élevaient pas à moins de 1,712,000,000 fr.

La *dette flottante*, de plus en plus grossie par les exigences du désordre politique et financier, atteignait à des proportions inconnues jusqu'alors. Encore un peu de temps, et elle dépassait un milliard, un milliard incessamment exigible!

Au mépris des conseils de la plus vulgaire prudence, la *caisse des dépôts et consignations* se trouvait engagée outre mesure.

Surchargée de rentes et d'actions des canaux éventuellement dépréciables, elle avait violé les conditions fondamentales de son institution en prêtant des sommes importantes sans l'autorisation du pouvoir législatif. Ces prêts, consentis au profit de l'ex-roi et de quelques personnes de sa famille, s'élevaient à plusieurs millions.

La *banque*, sauvée des embarras les plus graves par la transaction la plus imprévue, était de nouveau sollicitée à rentrer dans une voie périlleuse, et elle y rentrait.

Répartis sur tous les points du territoire, par les motifs qui vous sont connus, les *travaux publics*, partout commencés à la fois, nulle part finis, immobilisaient un capital énorme, longuement improductif.

Privé de son élément vital par ce large détournement de la richesse, l'*industrie* languissait. Depuis longtemps souffrante, elle sentait venir de mortels périls.

L'industrie entraînait le *commerce*, que réduisaient chaque jour le rétrécissement de la consommation et celui des débouchés.

De là, pour toutes les grandes *places industrielles et commerciales*, une situation pleine d'embarras et d'inquiétudes. Couvertes d'une masse d'actions de chemins de fer, elles étaient d'ailleurs en proie aux redoutables complications qu'entraîne forcément la multiplication excessive du papier-monnaie.

Un *emprunt* avait été conclu. Mais les payements étaient échelonnés de telle sorte, et à des termes tellement éloignés, qu'il était peu probable de le voir entièrement réalisé.

Ces dangers s'aggravaient encore de la situation des pays voisins. Lancée comme nous à outrance dans la carrière des spéculations aventureuses, l'Angleterre luttait avec peine contre une crise financière et commerciale qui l'avait remplie de désastres. Les autres États de l'Europe et de l'Amérique, ayant besoin pour eux-mêmes de toutes leurs ressources, ne nous donnaient l'espoir d'aucun appui.

Enfin, épuisée par les conséquences d'une mauvaise récolte, la France n'avait pas encore commencé à recueillir les bienfaits d'une récolte abondante.

Tel est, citoyens, le tableau vrai de l'état de la France quand la révolution a subitement éclaté.

Conséquences financières de la révolution.

La conséquence immédiate était facile à prévoir. Dans le présent, la crise allait redoubler : toutes les grandes commotions politiques altèrent forcément le crédit, et par le crédit le travail, c'est-à-dire les bases essentielles de la prospérité de l'État. Il y parut bientôt : un violent et universel mouvement de rétraction s'opéra ; de toutes parts affluèrent les demandes d'argent.

Les *caisses d'épargne* assiégées furent obligées de pourvoir à d'innombrables demandes de remboursement.

A des époques immédiates ou prochaines arrivait l'échéance d'une grande quantité de *bons du Trésor*, dont les porteurs ne voulaient à aucun prix consentir le renouvellement.

Souscrit à des conditions trop avantageuses d'abord pour les prêteurs, l'*emprunt*, dont les bénéfices paraissaient perdus, était abandonné par eux.

Obligées de pourvoir au travail et à la subsistance de leurs habitants, *les villes* retiraient leurs fonds placés en compte courant au Trésor.

Et le Trésor public, gardien du fonds de roulement de la caisse des dépôts, était en outre dégarni par les consignataires qui, pour avoir la possibilité de retirer leur argent, transigeaient avec un empressement inusité.

En même temps, les sources de l'*impôt* cessaient de couler avec l'ancienne abondance.

Contestées par des citoyens plus soucieux des promesses de l'avenir que des impérieuses nécessités du présent, les *contributions indirectes* voyaient leurs produits largement diminués.

Les revenus des *douanes* baissaient également par la suspension de la consommation et des rapports intercommerciaux.

Par une conséquence naturelle, tandis que les *créanciers de l'État* devenaient plus exigeants, ses débiteurs se montraient plus récalcitrants. Ceux-ci réclamaient de longs atermoiements ; il fallait payer à ceux-là tout ce qu'on leur devait, et même, par anticipation, ce qu'on leur devrait plus tard.

Les *compagnies de chemins de fer*, notamment, manifestaient une exigence extrême. En vertu d'une loi complaisamment rendue par l'ancienne administration, elles réclamaient tout ou partie de leurs cautionnements ; en vertu d'une prétendue force majeure, elles refusaient de rembourser au Trésor ce qu'elles lui devaient.

Le premier semestre des *rentes* 5 p. 100 arrivait à échéance.

La fin de chaque trimestre est comparativement très-chargée. C'est alors que reviennent les payements de certaines pensions; ceux des intérêts des quatre canaux, pour plusieurs millions, etc. Le premier trimestre touchait à son terme.

Sous la pression des événements, le crédit privé, altéré déjà profondément et depuis longtemps, s'écroulait de toutes parts. Les plus fortes maisons de banque, ayant immobilisé une grande partie de leurs capitaux, tombaient. Avec elles disparaissaient momentanément le numéraire et le moyen, pour l'industrie et le commerce, d'arriver aux banques, qui elles-mêmes se sentaient plus ou moins ébranlées.

Ce n'est pas tout. De l'établissement de la République résultaient forcément pour la France des nécessités nouvelles et de la plus extrême urgence.

C'était d'abord le peuple. Non moins grand dans la misère que dans le combat, il n'exigeait pas la réalisation immédiate des promesses de la justice. Mais le Gouvernement nouveau se devait à lui-même de fournir aux travailleurs, en attendant l'avenir, un travail provisoire.

Ayant conquis le droit, le droit pour tous, le peuple en avait naturellement la garde. Le Gouvernement provisoire s'empressa de délivrer des armes à tous ceux qu'une défiance jalouse avait jusque-là laissés désarmés.

Il s'empressa d'organiser, en vue de l'ordre et de l'indépendance, quelques bataillons de garde mobile, qui seront sans doute le germe de l'organisation militaire la plus démocratique et la plus puissante qui fût jamais.

L'ancienne armée réclamait, elle aussi, toute la sollicitude du Gouvernement de la République. Pendant dix-sept ans, la France avait prodigué non pas les millions, mais les milliards.... pour n'avoir point d'armée. Dans sa sollicitude énergique, le Gouvernement provisoire devait donc voter et trouver les moyens de réorganiser une armée puissante, de subvenir aux premiers frais d'armement, d'équipement, de levées d'hommes, à un accroissement considérable de cavalerie, à la défense des côtes.

De même pour la marine.

La situation générale de l'industrie et du commerce réclamait un remède non moins efficace et prompt. Aux anciens intermédiaires du crédit disparu, il fallait substituer un intermédiaire nouveau, germe d'une organisation vraiment démocratique du crédit public et du crédit privé.

Il fallait enfin, non-seulement assurer tous les services publics, mais donner la confiance qu'ils étaient assurés.

Je n'exagère point ces tristes réalités, citoyens, et je ne les atténue pas. Le Gouvernement provisoire vous doit la vérité : il vous l'a dite.

Devoirs et résolutions du Gouvernement de la République.

Si redoutable que fût cette situation, le premier devoir du Gouvernement c'était de la regarder sans trouble. Après s'en être fermement rendu compte, il en devait rendre compte à la nation, sans haine, ainsi déjà que je l'ai dit, sans crainte, mais aussi sans ménagements. Profondément convaincu que les forces vitales de la France sont inaltérables, nous avons eu foi dans la grandeur de ses destinées. Nous avons senti dans notre cœur l'énergie et la volonté de conduire les finances de l'État à travers tous les bouillonnements, tous les imprévus d'une politique environnée d'écueils.

Tout d'abord, nous avons accepté sans distinction toutes les dettes du passé; par une juste compensation, nous avons accepté aussi les dettes de l'avenir. Faite par le peuple, vous pensez que la révolution doit être faite pour le peuple, nous l'avons pensé comme vous, citoyens, et comme c'est dans l'organisation financière d'un État que se résume positivement son état social, nous avons proclamé le principe d'une organisation nouvelle de l'impôt; nous ne l'avons pas seulement proclamé: autant que la nécessité du temps l'a permis, nous l'avons mis en pratique. Examinez dans leurs détails et dans leur ensemble toutes les mesures financières que nous avons prises, toutes celles qui vont vous être apportées et dont le travail est prêt, partout vous retrouverez la marque visible d'une pensée systématique, d'une direction constante vers un but nettement défini, résolument poursuivi : le développement de la grandeur et de la prospérité du peuple par le crédit, par le travail.

Mon honorable prédécesseur n'a pas eu une autre préoccupation pendant les jours difficiles où il a payé à la République le tribut de son habile et courageux dévouement. Voyant d'abord que les transactions industrielles et commerciales étaient violemment troublées par la commotion politique, M. Goudchaux proposa de proroger de dix jours l'échéance de tous les billets. Voyant ensuite que le numéraire se raréfiait, qu'il disparaissait, il jugea utile de jeter dans le pays une grande masse d'espèces. En conséquence, par un fier défi à la confiance qui s'en allait, il proposa au Gouvernement d'anticiper le payement des rentes 5 p. o/o. Payable le 22 mars, le semestre fut payé le 6.

Mais, la situation s'aggravant, des remèdes plus énergiques devenaient indispensables. Entré le 7 mars au ministère des finances, dès le 9 je présentais au Gouvernement provisoire le tableau réel de nos difficultés, et je réclamais de lui les moyens d'y faire face.

Caisses d'épargne.

De toutes ces difficultés, la plus pressante était les *caisses d'épargne*. Les fonds qui en provenaient avaient été consommés presque en totalité par le gouvernement déchu. Ils n'étaient plus représentés que par des rentes, des actions industrielles et une somme en numéraire relativement petite.

On nous avait ainsi laissés en présence d'une dette énorme, immédiatement exigible, avec un gage qui n'était pas immédiatement réalisable. Vendre ce gage, c'était le perdre, au moins pour la moitié. Aliénés à la bourse, les 300 millions de fonds appartenant aux caisses d'épargne auraient alors produit tout au plus 150 millions. Le remboursement immédiat en argent, au plein milieu d'une crise terrible, était donc de la plus absolue impossibilité. Il y aurait eu de la folie à s'y opiniâtrer.

Je considérai, d'ailleurs, que les dépôts faits aux caisses d'épargne sont d'origine et de condition très diverses; que, si beaucoup d'entre eux appartiennent à des pauvres, un plus grand nombre peut-être est la propriété de personnes riches ou aisées. Faisant alors un juste départ entre des besoins respectables et de coupables défiances, j'ai proposé au Gouvernement provisoire une résolution qui, suivant moi, concilie dans une juste mesure les égards dus à ces créanciers de l'État avec les impérieuses nécessités de l'État lui-même. Tel a été le but des deux décrets rendus par le Gouvernement provisoire les 7 et 9 mars dernier.

Je puis ajouter aujourd'hui qu'après avoir donné aux déposants ce premier dédommagement d'un intérêt plus élevé, j'ai prescrit des mesures qui ont eu pour but et pour effet d'atténuer ce que les dispositions du décret pouvaient avoir de trop rigoureux à l'égard de ceux qui étaient réellement dans le besoin.

Bons du Trésor.

Une seconde difficulté considérable, mais moins délicate, c'était les bons du Trésor. Il y en avait pour une somme considérable, immédiatement ou prochainement exigible. Dans l'intérêt des transactions, j'aurais d'abord voulu les payer. Mais la panique brusquement répandue partout nous a imposé la loi d'une insurmontable nécessité. Après avoir fait face aux premiers payements, après avoir éteint une somme de 81 millions, j'ai proposé, et le Gouvernement provisoire a approuvé une combinaison en vertu de laquelle les porteurs de bons ont pu choisir un coupon de rentes 5 p. o/o au pair et un report à six mois. Une mesure plus efficace, plus désirable peut-être, à tous les points de vue, la conversion définitive des bons royaux aurait pu être prise; mais, comme elle a quelque chose d'irrévocable, nous avons cru que le respect de la souveraineté du peuple nous commandait d'en laisser le soin à l'Assemblée nationale. Vous prononcerez souverainement, citoyens.

Nécessité de nouvelles dépenses.

Des difficultés d'une autre espèce résultaient des augmentations de dépenses réclamées pour tous les grands services publics. Grâce à l'impulsion donnée par l'homme illustre qui préside maintenant à la réorganisation de nos armées de terre et de mer, la République est tranquille. Elle n'attaquera point ses voisins, mais elle a la résolution et le pouvoir de repousser toute agression, d'où qu'elle vienne, et de la punir. (Applaudissements.) Le ministère des finances a concouru avec empressement à cette grande œuvre, et il est en mesure de pourvoir à toutes les éventualités.

Le ministère de l'intérieur exigeait aussi d'importantes augmentations de crédit pour l'armement, l'équipement et la solde de la garde nationale mobile, pour les dépenses de sûreté générale, dont les ressources avaient été en partie dilapidées par le gouvernement déchu. Nous avons pourvu à tout.

Le ministère des travaux publics opérait des réductions notables; mais il réclamait, d'un autre côté, des augmentations assez considérables, principalement pour les ateliers nationaux. Il y a été journellement pourvu et sans aucun retard.

Enfin, citoyens, la ville de Paris, un grand nombre d'autres communes, ont retiré les fonds qu'elles avaient au Trésor; les particuliers ont également opéré des retraits assez considérables. Aucune demande de ce genre n'a été repoussée ni ajournée.

En même temps, le Gouvernement provisoire étudiait avec une ardente sollicitude les besoins de l'industrie, c'est-à-dire la question du travail. Assister directement le travailleur est un devoir; mais un devoir plus digne, c'est de lui procurer du travail. L'assistance directe a d'ailleurs des inconvénients graves: outre qu'elle est peu conforme à la dignité de l'homme, elle est inféconde.

Moyens.

En pourvoyant, autant qu'il était en lui, aux nécessités des premiers jours, le Gouvernement provisoire a donc recherché activement les moyens de redonner au travail une nouvelle impulsion.

Moyens économiques.

Le moyen, c'était le crédit. Tous les anciens canaux de la circulation privée étant ou détruits ou rétrécis jusqu'aux plus mesquines proportions, il était nécessaire d'y suppléer par de nouvelles voies. De là, l'organisation des comptoirs nationaux d'escompte, heureux produit de ce véritable esprit d'association qui, en unissant les forces, les décuple. J'ai indiqué ailleurs, dans des rapports qui ont été publiés et qui vous seront distribués, la pensée première de cette grande institution et les résultats qui me paraissent devoir en sortir dans l'intérêt du peuple et de la grandeur nationale. Je dirai seulement ici que le comptoir de Paris, dirigé par d'habiles administrateurs, a déjà rendu des services considérables; qu'avec un capital trop réduit, il a escompté pour 30 millions; que quatre-vingt-un comptoirs sont établis et fonctionnent ou fonctionneront, dans autant de villes, sous très-peu de jours; que nous leur avons accordé toutes les subventions compatibles avec l'état du trésor, et que, partout où la volonté du Gouvernement a rencontré le concours de volontés également énergiques, la situation générale des choses s'est rapidement améliorée.

Mais l'engorgement des portefeuilles n'était pas la cause unique de la gêne où se trouvaient les producteurs. Un grand nombre de maisons recommandables, auxquelles se rattachait, par les liens les plus étroits, l'existence de plusieurs milliers de travailleurs, tombaient, quoique leur situation fût réellement favorable, parce qu'il ne leur était pas possible de tirer parti des marchandises qui encombraient leurs magasins.

Nous avons alors institué des magasins généraux où les négociants et industriels viennent chaque jour déposer les matières premières, marchandises et objets fabriqués dont ils sont propriétaires, et retirent un récépissé sur lequel les comptoirs nationaux d'escompte et la banque, ou ses succursales, font de suffisantes avances. Ces établissements sont aujourd'hui organisés dans trente-trois villes.

Les grands établissements de crédit eux-mêmes avaient plus ou moins ressenti les atteintes de la crise. Malgré la sagesse habituelle des hommes qui la dirigent, la banque de Paris était dans une situation extrêmement critique. Les banques départementales, encore plus menacées, forçaient leurs émissions au delà des limites, je ne dirai pas de la prudence, mais du bon sens, pendant que le numéraire s'en écoulait avec une rapidité fatale. Un remède énergique était visiblement indispensable : nous l'avons appliqué sans hésitation. Par un décret en date du 15 mars, le Gouvernement provisoire a décidé que le payement des billets de banque en espèces ne serait plus exigible, et que ces billets seraient reçus comme monnaie légale dans toute l'étendue de la République. En même temps, nous avons abaissé à 100 francs la coupure de ces billets, et des mesures sont prises pour obtenir avec une très-grande promptitude des coupures encore plus petites, si vous les jugiez utiles.

J'ajoute que vous devez être complétement rassurés sur les prétendus dangers de cette innovation, parce que les émissions de la banque sont limitées à un chiffre qu'il lui est absolument interdit de dépasser, et que, ce qui importe dans la circulation du papier, ce n'est pas de savoir par quelles fractions de sommes, mais bien pour quelles sommes cette circulation s'effectue.

Admirons ici, citoyens, les progrès de l'intelligence publique et de la fermeté d'esprit où ce peuple est arrivé. Supposez qu'une pareille mesure eût été prise, il y a quelques années seulement, au milieu d'une violente crise financière et politique, quelle panique et quel désastre! Aujourd'hui, un peu d'étonnement d'abord et puis bientôt toute inquiétude absente, la valeur réelle des billets de banque bientôt égale à leur valeur nominale, le crédit de la banque supérieur à la crise et définitivement affermi.

Vous avez compris, citoyens, quelques-uns d'entre vous ont vu que cette mesure indispensable présentait cependant un inconvénient grave. La circulation des billets des banques départementales étant limitée à la circonscription de leur département, l'unité du signe monétaire était rompue, et une grande masse de transactions publiques ou particulières se trouvait forcément suspendue. Ayant connu cette complication, le Gouvernement provisoire a pris une grande mesure qui, sans compromettre l'indépendance limitée de la banque, consolide en l'étendant l'autorité de l'État, et qui permet à cet établissement de porter sur les points où le réclament les nécessités de l'industrie et du commerce tout le poids de sa puissance.

Après les grands moyens, nous n'avons pas non plus négligé les petits. Un grand nombre de négociants ayant demandé qu'on leur fournît des facilités pour le recouvrement des effets sur les départements, nous leur avons accordé, dans ce but, le concours des receveurs généraux et celui des receveurs particuliers. Nous avons ensuite réduit les frais de protêts, de comptes de retour, et supprimé les amendes dont auraient dû être frappé les billets souscrits sur papier libre, antérieurement au 24 février.

Pour subvenir à toutes ces nécessités du Trésor, des grands services publics, de l'industrie, du commerce, des travailleurs et du travail, il fallait des ressources. Impossible de compter sur celles qu'avait créées le gouvernement déchu. Le budget de 1848 présentait déjà un déficit d'environ 74 millions. Il fallait créer du nouveau.

Moyens financiers.

Pour cela, trois moyens : l'emprunt, l'impôt, le crédit.

Emprunt.

L'emprunt des 250 millions, sur lequel les souscripteurs avaient déjà versé 82 millions, était par eux abandonné.

Pour le ressusciter, il aurait fallu faire passer de nouveau le crédit de l'État sous les fourches caudines des anciens dispensateurs du crédit, et c'est là un spectacle que la République ne donnera point. A un emprunt forcé, il y avait, suivant moi, des impossibilités matérielles et des impossibilités morales encore plus fortes. Quant à l'emprunt national, c'était, dans ma pensée, une mesure beaucoup plus politique que financière. Je voulais simplement retirer de la circulation un plus ou moins grand nombre de bons du Trésor. Je voulais surtout provoquer de nobles exemples, des adhésions patriotiques un peu éclatantes, et exercer par là une influence sur les esprits. A ces divers points de vue, nous avons obtenu ce que nous voulions.

Il était donc impérieusement commandé à un ministre des finances de la République de ne point songer à un emprunt.

Crédit.

Quant au crédit, l'usage en était certainement possible; mais il y fallait apporter la plus extrême réserve, la prudence la plus ferme. Des plans m'ont été adressés qui seront vraisemblablement reproduits à cette tribune. Je ne les discuterai donc pas d'avance. Je dirai seulement qu'ils tendaient tous à la multiplication indéfinie d'un papier-monnaie ayant cours forcé, c'est-à-dire à l'avilissement du signe représentatif de la valeur des objets, à l'accroissement parallèle du prix de ces mêmes objets, et, par une conséquence inévitable, à une liquidation forcée, ce qui est la banqueroute.

Pour mon compte, je repousse de toutes mes forces l'abus du crédit; mais je n'en proscris point l'usage, et j'estime qu'avec de sages précautions vous y trouverez une précieuse ressource pour l'exécution successive des grandes choses que vous allez faire.

Par cela même, il nous était commandé de vous garder ce puissant moyen d'action, et dès lors il nous fallait recourir à l'impôt.

Impôt.

De tous les impôts, le plus juste, le plus efficace, celui que je m'attacherai de toutes les forces d'une conviction invétérée à faire prévaloir devant vous, c'est l'impôt progressif sur le revenu. Vous aurez, citoyens, devant la postérité la gloire éternelle de l'avoir établi définitivement dans la France républicaine et démocratique. Quant à nous, cet honneur ne nous était pas permis. Indépendamment du désir que nous avions de vous réserver une question si haute, l'urgence nous maîtrisait. Un délai de quatre mois, tout au moins, était indispensable pour la confection des rôles de recouvrement, et il nous fallait des ressources immédiates. Nous avons, en conséquence, dû renoncer à ce moyen pour un autre plus expéditif.

Le Gouvernement provisoire a décrété alors l'établissement d'une contribution de centimes sur le montant total des quatre contributions directes.

Cet impôt n'est point, vous le savez, une invention de la fiscalité républicaine. Les gouvernements, quels qu'ils soient, y ont recours dans les temps de crise, et cela justement. A ces tristes époques, en effet, les propriétés mobilières subissent des dépréciations considérables. La diminution des capitaux en élève le prix et atteint dans leur fortune les industriels, les négociants, les commerçants, etc. Seuls les propriétaires de la terre ne perdent point ou perdent peu. Comme il est absolument impossible que l'on se passe de leurs produits, ils en tirent des prix d'autant meilleurs que la concurrence de l'industrie est moins active. Par cette même raison, ce qui reste de capitaux disponibles, fuyant les aventures, vient chercher parmi les propriétaires de terres des placements solides.

Ce n'est pas tout. Parmi les erreurs qui déparent leurs livres, les économistes ont exposé une vérité palpable : c'est qu'en réalité les propriétaires de terres ne payent point d'impôt. Le premier qui fut imposé paya l'impôt ; mais, après lui, personne. Que font, en effet, les acquéreurs successifs ? En achetant, ils savent qu'ils acquièrent une propriété grevée d'un usufruit en faveur de l'État. Dès lors ils tiennent compte des charges que supporte la propriété qu'ils achètent, et ils déduisent du prix d'acquisition une somme correspondante à l'étendue de ces charges. D'où il suit, comme je l'ai dit tout à l'heure, qu'en réalité le premier propriétaire a eu à souffrir de l'établissement de l'impôt, mais que lui seul en a souffert.

Il est donc naturel et juste que, dans les temps de crise, les gouvernements demandent des sacrifices à la propriété foncière.

Cela est de toute justice; et c'est un axiome dans l'univers entier, qu'il faut ménager la propriété territoriale dans les temps réguliers, afin de la trouver intacte, et dans toute la plénitude de sa vigueur, lorsque apparaissent les jours difficiles et la nécessité des sacrifices.

Abandonnant le principe et passant à l'application, on dira, je le sais, qu'il eût fallu établir l'impôt sur le principal, non sur le montant total des contributions. A cela deux réponses : 1° Comme pour l'impôt du revenu, la confection de nouveaux rôles eût entraîné forcément un délai de quatre mois au moins; 2° Tous les départements ayant eu à pourvoir aux mêmes nécessités suivant l'étendue de leurs forces respectives, il s'ensuit qu'il n'existe aujourd'hui entre eux que des différences insignifiantes.

Ce sont là, citoyens, des raisons de loyauté et de justice. Le pays les a tout d'abord comprises; j'ai la certitude qu'il les comprendra définitivement. Autorisé à excepter les vrais pauvres de la mesure, à leur faire des remises qui doivent être évaluées à 30 millions, le ministre à qui vous allez confier la gestion des finances de la République aura certainement la fermeté nécessaire pour faire exécuter la loi contre les malveillants. C'est un sacrifice que la République demande; heureuse de le devoir aux libres élans du patriotisme, elle est résolue à ne l'avoir pas demandé en vain.

Impôt d'un an sur les créances hypothécaires.

Cette ressource n'était pas suffisante. Le Gouvernement provisoire en a mis une autre à ma disposition.

Jusqu'ici les capitalistes avaient toujours échappé à la charge des communs sacrifices. La justice exigeait que cette inégalité cessât; nous y avons mis un terme en frappant les prêteurs sur hypothèques, prenant ainsi le capital sur le fait, le capital produit. Il va de soi, et je l'ai suffisamment expliqué dans les considérants du décret, que cet impôt n'est établi que pour un an; qu'il ne frappe que les créances hypothécaires qui existaient antérieurement au 16 avril 1848. Tous les contrats passés ou à passer depuis en sont exempts, et la raison en est simple : c'est que nous voulons frapper le capitaliste, non le propriétaire, celui qui possède le capital, non celui qui a besoin de l'emprunter.

Impôts sur les défrichements.

L'abus des défrichements vous est connu. Vous savez comment on les obtenait jusqu'ici. Le défrichement était passé à l'état de monnaie électorale. C'était le plus souvent une faveur, et nous avons même entendu des imputations plus graves, erronées sans aucun doute, mais fâcheuses. J'ai pensé qu'il était juste et utile de faire payer ouvertement cette faveur, et de faire admettre l'État au partage de la plus-value que donne à une propriété l'autorisation de la défricher. Deux choses l'une : ou cette imposition diminuera le nombre des défrichements, ou elle augmentera les ressources du Trésor. Dans tous les cas, c'est une mesure de conservation et de loyale économie, qui, je l'espère, vous paraîtra sage et que vous approuverez,

Réduction des remises faites aux débitants de tabac.

Nous avons également trouvé une augmentation de recettes dans la réduction des remises faites aux débitants de tabac. Par l'accroissement de la consommation, leurs bénéfices avaient de beaucoup dépassé l'évaluation des allocations primitives : il était juste que l'État fût encore admis dans une certaine mesure au partage de cette plus-value.

Postes.

D'un autre côté, citoyens, le service des postes, régulièrement assuré dès le premier jour, et pour ainsi dire sous le feu des barricades, par l'énergie et l'activité du directeur actuel, promet un notable accroissement de recettes. Il en sera tenu compte dans le détail des prévisions du budget de 1848. Préparée par les soins du même directeur, la réforme postale vous sera présentée dans le budget de 1849.

Rentes.

Nous aurions pu imposer les rentes. Nous ne l'avons pas voulu, pour les motifs que vous connaissez, et qui vous seront exposés plus tard.

Assurances. — Successions.

Dans le budget rectifié de 1848, figurent deux propositions qui vous seront immédiatement apportées : l'une relative aux assurances, que l'on vous proposera de racheter pour le compte de l'État ; l'autre relative aux successions, qui seraient grevées d'un impôt progressif, calculé sur la double base du degré de la parenté et de l'importance de la succession.

Biens de la liste civile et de l'État.

A ces ressources, il en faut joindre d'autres d'une autre nature, et dont je pense qu'il sera différemment usé. Vous pouvez disposer des biens de l'ancienne liste civile, du domaine de la couronne et du domaine de l'État.

Par un décret en date du 9 mars, le Gouvernement provisoire avait mis à la disposition du ministre des finances :

Sur les biens de la liste civile, environ 100 millions;

Sur les biens de l'État, 100 millions;

Plus les diamants de la couronne.

Jusqu'à présent, nous n'avons pas voulu recourir à ces ressources; nous les avons soigneusement ménagées, et les voici à votre disposition. Par précaution, toutefois, j'ai fait préparer les projets d'aliénation qui pourront éventuellement vous être soumis sans délai.

Emprunt à la Banque.

En attendant la rentrée des 45 centimes, il était indispensable de pourvoir à tous les services dont je vous ai déroulé le tableau. Nous aurions pu, pour y parvenir, vendre des rentes appartenant à la caisse des dépôts et consignations ou des actions des trois et des quatre canaux; nous ne l'avons pas voulu. Convaincu que, par le rétablissement de l'ordre dans la liberté et du travail par le crédit, le crédit de la France reprendra le niveau vrai au-dessous duquel ne peuvent le faire descendre que la calomnie et la peur, je n'ai pas voulu jeter sur la place une masse de titres qui aurait encore plus déprécié les valeurs publiques.

Il m'a paru plus convenable, plus sage, d'une meilleure administration, de faire, à la banque de France un seul emprunt de cinquante millions. Cet emprunt a été contracté sans intérêt, comme une juste compensation des avantages que la banque tire des sommes que l'État a pendant si longtemps laissées sans intérêt dans ses caves, et qu'il y possède encore.

Par cette mesure, les ressources disponibles de l'État ont été portées à un chiffre complétement rassurant. Le ministre des finances que vous allez nommer trouvera dans les caisses publiques soixante-dix-huit millions, savoir : trente-deux millions en espèces, quarante-six millions en portefeuille.

Réduction du nombre des emplois. — Retenue sur les traitements.

Quelques mesures de réforme ont, en outre, eu lieu dans l'administration des finances.

Dans le premier rapport que j'ai eu l'honneur de soumettre au Gouvernement provisoire, j'indiquais les règles qui me paraissaient devoir être suivies relativement au personnel des fonctionnaires de l'État.

Suppression des emplois et des employés inutiles, avancement basé sur la capacité unie à la probité, et sur les services rendus qui doivent impliquer l'une et l'autre; rémunération proportionnée au nombre et à la qualité des services, juste et convenable en tous cas. Ces principes ont été adoptés. Toutes les administrations procèdent à la réorganisation de leur personnel avec tous les ménagements que comportent les droits acquis, mais quelquefois aussi avec la sévérité que provoquait le scandale patent ou latent de quelques promotions.

A ceux que la République gardait à son service, elle a dû demander leur juste part de sacrifices. Quand tous les citoyens contribuent aux charges extraordinaires de l'État, les fonctionnaires publics n'auraient certes point voulu subir le dédain d'une exception, et je dois dire à leur honneur que partout ils ont pris spontanément une généreuse initiative.

Réorganisation de la cour des comptes.

Enfin, nous avons réorganisé la cour des comptes. Et maintenant, citoyens, vous pouvez tenir pour certain que, par suite des nouvelles modifications, cette haute magistrature sera toujours honnêtement recrutée, et que, par conséquent, le travail y sera bien fait.

Amortissement.

Je suis de ceux qui pensent que l'amortissement doit être maintenu, et j'aurai sans doute l'occasion d'exposer les motifs de cette opinion. Toutefois, bien que le 5 p. o/o soit descendu, et de beaucoup, au-dessous du pair, les charges que la monarchie a léguées à la République nous ont forcés d'en suspendre l'action. Ayant à pourvoir aux découverts du budget et aux dé penses des grands travaux publics, il n'était pas possible d'appliquer les réserves au rachat, et nous avons dû laisser à l'Assemblée le soin de décider si elle entend maintenir l'amortissement dans sa forme actuelle ou établir un nouveau système.

Suspendu quant au 5 pour 100, l'amortissement a continué de s'exercer sur le 3 pour 100.

Refonte des monnaies.

D'autres mesures encore ont été prises, que l'opinion publique réclamait depuis longues années, et que le conflit des intérêts ou des amours-propres arrêtait toujours en chemin : parmi ces mesures, la refonte des monnaies de cuivre, longuement élaborée au ministère des finances, discutée dans les conseils généraux, rediscutée devant la chambre. Cette question était étudiée, connue, sue, et parsue de tous les hommes compétents, et cependant elle ne pouvait aboutir. Le Gouvernement provisoire l'a heureusement tranchée ; et cette opération sera exécutée sans que le trésor ait à supporter aucune dépense, et sans qu'il soit émis, au maximum, plus de 3 à 5 millions en sous et en centimes, au delà du chiffre de la circulation actuelle.

Chemins de fer.

Maintenant, citoyens, voici une question plus grave : celle des chemins de fer. Nous avons pensé, nous pensons encore que l'existence des compagnies financières, conforme au principe du gouvernement monarchique, du gouvernement aristocratique, du gouvernement fédéral, est radicalement incompatible avec le principe d'un gouvernement républicain, démocratique et unitaire. Dans un rapport que j'ai présenté au Gouvernement provisoire sont exposées toutes les principales raisons qui me paraissent militer victorieusement en faveur de cette opinion. Ce rapport, avec le projet de décret qui l'accompagne, sera soumis, au premier jour, à votre examen et à vos discussions.

Un moment nous avions pensé qu'il y avait pour le Gouvernement nécessité, devoir, d'intervenir dans ces entreprises, et d'en reprendre possession au nom de l'État, moyennant une juste indemnité. Le plus grand nombre des compagnies n'avait pas une autre pensée. Sauf une ou deux, toutes au fond désiraient le rachat. Mais tout à coup les choses ont changé de face : les ardents se sont refroidis, les résignés se sont révoltés, et cependant le temps marchait. Si bien qu'après de longues délibérations, plusieurs fois interrompues par les inévitables invasions de la politique, lorsque le Gouvernement a pu adopter le décret que nous lui avions soumis, quelques jours à peine nous séparaient de votre avénement.

Cela étant, il nous a paru certain que la question ne serait pas compromise par un retard de quelques jours. Il nous a paru aussi qu'au moment où votre autorité, sortie déjà du cœur et du cerveau du peuple, existait virtuellement au-dessus de tous les pouvoirs, le respect commandait l'attente. Nous avons attendu, et vous aurez nécessairement avant peu à décider la solennelle consécration d'un principe fondamental, suivant nous, et souverain.

En même temps, on vous exposera les moyens d'exécution, qui sont simples et faciles, puisque, à tout prendre, il s'agit simplement d'échanger une valeur et un revenu contre une autre valeur et un autre revenu.

Abolition de l'impôt du sel et de l'exercice sur les boissons.

En préparant ainsi l'avenir, le Gouvernement provisoire ne négligeait pas les mesures que réclamait dans le présent le légitime intérêt du peuple. Deux impôts étaient particulièrement odieux : l'impôt du sel, l'exercice sur les boissons. La Révolution avait aboli le premier ; l'Empire l'avait ressuscité en créant le second. Tous deux s'étaient maintenus jusqu'à présent. Ils devaient tomber tous les deux dès que la Révolution ferait de nouveau pénétrer la justice dans les institutions administratives et politiques de la France : nous les avons tous les deux abolis, et nous avons en même temps supprimé le timbre sur les écrits périodiques.

Pour compléter ce long tableau, citoyens, je dois vous exposer en quelques chiffres la situation actuelle des travaux publics à la charge de l'État, des bons du Trésor, des découverts, des budgets, de la dette flottante, de la dette publique.

Travaux publics.

La loi du 11 juin 1842 avait laissé à la charge de la dette flottante les travaux publics extraordinaires. Les sommes avancées pour ces travaux jusqu'au 1er janvier 1848 s'élèvent

à	412,197,290f
Le Trésor a reçu, soit en remboursement des compagnies, soit en versements de l'emprunt de 1847	88,193,049
Reste	324,004,241

Les travaux autorisés devant occasionner une dépense totale de 1,081,196,778 de francs, réduite par les remboursements prochains des compagnies à 838,630,770 francs, le montant des travaux publics qui restent à la charge du Trésor est de 514,626,529 francs.

Bons du Trésor.

Au 24 février, les bons du Trésor s'élevaient à	318,671,248f
Nous en avons éteint pour	81,620,952
Reste	256,671,248

Par une coïncidence singulière, le déficit des budgets anerieurs à 1840 s'élève presque identiquement à cette même somme.......... 256,039,934f

Si vous ordonnez que les bons du Trésor, dont la charge nous a été léguée par des dilapidations de l'ancien régime, seront convertis en rentes 5 p. 0/0, vous dégagerez à la fois votre comptabilité d'une complication gênante, votre dette flottante d'une lourde charge, et vous simplifierez de la manière la plus heureuse votre situation et votre budget.

Cette conversion effectuée, il ne restera plus en circulation qu'une somme de 52,372,684 francs de bons du Trésor émis depuis la révolution de février, et dont 50 millions sont à la Banque. A l'avenir, ces bons seront appelés billets de la République.

Découverts du budget.

Les découverts anciens, de 1808 à 1840, s'élevant à 256 millions, se trouveraient couverts par la consolidation des 256 millions du solde des anciens bons du Trésor en rentes 5 p. 0/0.

Le solde des découverts de 1840 à 1847, y compris 1847, s'élèvent, compensation faite des réserves de l'amortissement, jusques et y compris 1847, à 18,896,020 fr. Mais cette somme se trouvera, lors de la liquidation des comptes, à peu près balancée.

Les découverts du trésor se composeront donc seulement des avances pour les travaux publics, s'élevant en janvier 1848 à 324 millions.

Dette flottante.

La *dette flottante* proprement dite, non compris les caisses d'épargne, s'élevait au 24 février dernier à 670 millions. Elle ne s'élèvera plus qu'à 320 millions, plus 60 millions pour le fonds de roulement du Trésor.

En y comprenant les caisses d'épargne aujourd'hui provisoirement immobilisées, elle était :

Au 24 février, de 957 millions.

Elle est, au 1er mai, de 604 millions (1).

Dette publique.

La dette publique, déduction faite des rentes appartenant à la caisse d'amortissement, s'élève aujourd'hui en totalité à 177,300,283 francs.

Que si vous vouliez établir une liquidation générale de la caisse d'amortissement et de ses rentes, vous n'auriez à payer par an pour le service de la dette que 177,300,283 francs.

Dégagée de l'amortissement, l'Angleterre paye 736 millions.

RÉSUMÉ.

Comparaison de la situation financière au 24 février et au 6 mai.

En résumé, citoyens, voici l'état comparatif de la situation

---

(1) *Dette flottante au 1er mai.*

Dette portant intérêt.	Bons de la République	52,373,700f
	Fonds des communes	124,451,800
	Receveurs généraux	24,542,400
	Divers	9,287,300
	Caisse des dépôts et consignations	13,616,300
	Caisse des fonds non employés des caisses d'épargne	41,235,000
Dette sans intérêt		44,877,800
	TOTAL	310,384,300
Fonds des caisses d'épargne employés en rentes et en actions de canaux		284,000,000
	TOTAL GÉNÉRAL	594,384,300

financière de la France, telle que nous l'avons reçue, telle que nous la remettons entre vos mains.

Le gouvernement déchu avait institué deux budgets : l'ordinaire, l'extraordinaire.

D'un relevé exact des dépenses et d'une exacte évaluation des recettes, il résulte que le déficit du budget ordinaire pour 1848 était de.............................. 73,644,597

Les dépenses prévues du budget extraordinaires s'élevaient à.............................. 169,461,969

En sorte que le montant total, réel, du déficit à la charge de la dernière administration ne s'élevait pas à moins de.............................. 243,106,566

Aux dépenses de l'extraordinaire, on devait faire face avec les produits de l'emprunt.

Quant au déficit de l'ordinaire, on était réduit à le couvrir par les réserves de l'amortissement, qui auraient dû être appliqués aux dépenses de l'extraordinaire.

Voici maintenant ce que nous avons fait.

Pour mettre un terme à une combinaison qui n'était qu'une véritable déception, nous avons rédigé un budget simple, clair et court, qui vous sera présenté, je l'espère, de telle sorte que vous en puissiez facilement saisir le détail et l'ensemble.

Vous y verrez que, pour remplir ses devoirs envers le peuple et pour couvrir la France découverte, le Gouvernement républicain a dû ajouter aux anciennes dépenses des dépenses nouvelles, s'élevant en nombre rond à 81 millions.

Voici comment il a été pourvu à l'ensemble des nécessités anciennes et actuelles.

Dès à présent, le Gouvernement provisoire a réalisé sur les divers services des économies qui s'élèvent à environ 62 millions.

Dans le courant de cette année même, le produit de ces économies s'accroîtra de toutes celles qui seront encore obtenues et qui sont en cours d'exécution.

Nous avons ensuite créé de nouvelles ressources, et enfin nous vous demandons d'en créer d'autres dont le détail sera mis sous vos yeux, et qui, sans toucher aux droits et aux situations réellement dignes de respect, donneront à la puissance financière de l'État les accroissements dont elle a besoin.

Quand toutes ces différentes mesures auront été définitivement consacrées par vous, l'ensemble des dépenses de cette année s'élèvera, pour le service ordinaire, à. 1,501,128,422f

La recette, à.......................... 1,546,301,190

Il restera donc, en excédant de recette, sur le budget ordinaire, une somme de......... 45,172,768

A cet excédant du service ordinaire, nous ajoutons la réserve de l'amortissement de l'année 1848, que nous rendons à sa véritable destination en l'appliquant, pour la première fois, aux travaux publics extraordinaires. Cette réserve s'élevant à.............................. 83,980,000f

Et les fonds libres sur l'emprunt de 1841, à. 22,937,000

Il se trouvera dans le budget même de 1848 une ressource disponible pour les travaux extraordinaires de.............................. 152,089,768

Or, comme la dépense de ces travaux est limitée, pour 1848, à.................... 140,755,560

Il restera, en définitive, sur l'ensemble du budget, un excédant de recette de............ 11,334,208

Ainsi sera faite, citoyens, la liquidation du passé, et vous pourrez alors vaquer sans trouble à la réalisation des grandes choses que le monde attend de vous.

Mais, ne le dissimulons pas, proclamons-le bien haut, au contraire, pour que ces données passent dans les faits, il y a deux conditions nécessaires : dans ceux qui gouverneront, une probité inflexible, un dévouement à toute épreuve, l'ardent amour du bien public ; parmi ceux qui seront gouvernés, un dévouement égal, un égal amour de la chose publique, la volonté résolue de sauver, de fonder la République.

Ces conditions, je n'en suis pas en peine ; elles sont en vous, elles sont dans le cœur du pays. Guidés par vous, appuyés sur lui, le pays et vous, vous aurez la gloire d'écrire à la fin de vos travaux, comme un fait accompli, l'espérance que nous avons écrite au début des nôtres :

La République a sauvé la France de la banqueroute!

Le Membre du Gouvernement provisoire,
Ministre des finances,

GARNIER-PAGÈS.

Résumé sommaire du budget rectifié de l'exercice 1848, à soumettre à l'Assemblée nationale.

Le budget de 1848, tel qu'il avait été voté par les dernières chambres législatives et qu'il devait se réaliser dans les circonstances que l'on pouvait alors prévoir, présentait les résultats suivants :

EN DÉPENSE.

1° *Pour le service ordinaire.*

Les crédits votés montaient à.......................... 1,366,066,370f

D'autres crédits, dont une partie seulement se trouve reproduite dans le budget rectifié de 1848, étaient compris dans le projet de loi générale des crédits supplémentaires pour une somme totale de 22,977,237 francs, savoir :

Réparations de dommages causés par les inondations, et autres travaux.......... 3,715,194f
Charges de l'emprunt négocié le 10 novembre 1847. 13,289,036
Divers services des départements ministériels.......... 5,973,007
} 22,977,237f

De plus, on se proposait de demander, ainsi que l'avait fait remarquer le rapport de la commission de l'ex-Chambre des Députés sur le même budget de 1848 (page 20) des crédits supplémentaires :

Pour l'armée d'Afrique.. 25,000,000f
Pour le service des vivres et fourrages de la guerre, insuffisamment dotés........ 5,000,000
} 30,000,000

D'autres crédits devaient encore être réclamés :

Pour les dépenses secrètes de police générale.......................... 1,000,000f
Pour la célébration des fêtes de Juillet.......................... 200,000
} 1,200,000

} 54,177,237

TOTAL.......................... 1,420,243,607

2° *Pour le service des travaux extraordinaires.*

Les crédits accordés pour les travaux imputables sur l'emprunt de 450 millions (loi du 25 juin 1841) étaient de..................................	20,298,500f	
Il avait été voté, pour les travaux extraordinaires à la charge de la dette flottante, une somme de 68,230,000 francs, laquelle, réunie aux reports de crédits provenant de 1847, devait former, ainsi que l'avait annoncé le rapport précité sur le budget de 1848 (page 16), et que les faits réalisés jusqu'au 1er janvier 1848 l'ont justifié, une allocation totale de..................................	169,461,969	
Total..............	189,760,469	189,760,469f
En sorte que l'ensemble des dépenses votées ou prévues pour 1848 s'élevait à..................................		1,610,004,076

EN RECETTE.

1° *Pour le service ordinaire.*

Les évaluations du budget voté montaient à..........		1,370,978,010
Mais, d'après des faits déjà connus, ou qui étaient prévus au commencement de 1848, des non-valeurs inévitables devaient se réaliser sur les produits suivants :		
Douanes. — Marchandises diverses. — Réduction que les évaluations de 1848 devaient comporter, puisque, malgré la prévision de la cessation des causes qui ont ralenti les importations en 1847, on a cru devoir proposer, pour 1849, une évaluation inférieure à celle de 1848 de la somme de..................................	11,575,000f	
Produit des forêts (perte probable établie sur les évaluations)....................	7,604,000	
Recettes de l'Algérie (*idem*)............	5,000,000	
Bénéfices de la caisse des dépôts et consignations (*idem*)....................	200,000	
Total..........	24,379,000	24,379,000
Les recettes votées pour le service ordinaire eussent donc été réduites à..................................		1,346,599,010

2° *Pour le service extraordinaire.*

La ressource à prélever sur l'emprunt (loi du 25 juin 1841) pour couvrir les dépenses votées était de..........	20,298,500
Total des recettes d'après le budget tel qu'à l'ouverture de l'exercice il paraissait devoir se réaliser..................................	1,366,897,510

Report.....	1,366,897,510f

En résultat :

La dépense eût été de..........................	1,610,004,076
La recette, de..........................	1,366,897,510
D'où il serait résulté un découvert total de............	243,106,566

Ce découvert aurait porté :

Sur le service ordinaire, pour........	73,644,597f
Sur le service extraordinaire, pour.....	169,461,969
Somme pareille.....	243,106,566

Le nouveau budget qui doit être soumis à l'Assemblée nationale présente, comparativement à celui du dernier gouvernement, les augmentations et diminutions suivantes :

EN DÉPENSE.

1° Pour le service ordinaire.

Augmentations..........................	161,458,343f
Diminutions..........................	26,396,291
Reste en augmentation de dépenses, d'après les projets de budget rectifiés pour 1848, des divers ministères......	135,062,052
Mais il est nécessaire de déduire de ce résultat les crédits maintenant abandonnés par divers ministères sur les propositions primitives de la loi des crédits supplémentaires, ou sur les prévisions de dépenses employées ci-dessus dans le budget du précédent gouvernement, ci................	54,177,237
Reste..................	80,884,815

2° Pour le service extraordinaire.

Les dépenses des trois ministères ordonnateurs de ces travaux sont réduites de 189,760,469 fr. à 140,755,560 fr., d'où il résulte :

Pour les travaux régis par la loi du 11 juin 1842 une diminution de....................	51,643,409f	
Pour les travaux régis par la loi du 25 juin 1841, une augmentation (à déduire) de...	2,638,500	
Reste en diminution...	49,004,909	49,004,909
Résultat en augmentation pour les dépenses au budget rectifié..........................		31,879,906

EN RECETTE.

1° Pour le service ordinaire.

(Augmentations.)

Impôts établis par le Gouvernement provisoire.	Imposition extraordinaire de 45 cent. aux rôles des contributions directes :		
	Montant de l'impôt.....	189,000,000f	
	A déduire pour remises et dégrèvements aux contribuables pauvres ou malaisés..................	29,000,000	
			160,000,000f
	Impôt de 1 centime par franc sur les créances hypothécaires............		45,000,000
	Retenues proportionnelles sur les traitements............................		10,000,000
	Impôt sur les concessions de défrichements de bois..................................		1,000,000
Impôts à proposer à l'Assemblée.	Impôt sur les successions et donations..		30,000,000
	Assurances par l'État des risques de l'incendie (1)............................		5,000,000

Revenus des domaines de la couronne............... 5,000,000

Emprunt national (sur lequel il a déjà été versé 18 millions).. 20,000,000

Plus-value des rôles des contributions directes ordinaires 1,473,325

Produit des tabacs (résultat de la réduction des remises aux débitants). La réduction des remises produira 3 millions; on ne porte que 2 millions pour les huit derniers mois de 1848.. 2,000,000

(Diminutions).

Moins-value sur les impôts et revenus indirectes (au delà de celle de 11,575,000 francs que l'on devait prévoir..	75,465,000f	
Abandon du timbre sur les journaux....	3,500,000	
Moins-value sur les produits de domaines.	695,000	
Moins-value sur les produits divers du budget....................................	111,145	
		79,771,145
Reste en augmentation de recette...........		199,702,180

(1) Pour les sept derniers mois de l'année 1848, pendant lesquels l'action de l'État ne pourra s'exercer que sur une faible partie des valeurs assurables; mais, dès l'année 1849, on estime que les assurances pourront procurer un bénéfice de 25 millions sur 65 à 70 milliards de valeurs immobilières et mobilières.

REPORT......	199,702,180f

2° Pour le service extraordinaire.

Élévation de la ressource de l'emprunt autorisé par la loi du 25 juin 1841, au montant des dépenses portées au budget rectifié..........	2,638,500
TOTAL des augmentations de recettes au budget rectifié.	202,340,680

En résumé :

Les dépenses votées ou prévues dans le dernier budget du gouvernement déchu, qui s'élevaient à..........		1,610,004,076f
Se trouvent augmentées de..........		31,879,906
Et s'élèvent à..........		1,641,883,982
D'un autre côté, les recettes évaluées à	1,366,897,510f	
Sont augmentées de..........	202,340,680	
TOTAL..........	1,569,238,190	1,569,238,190

Il ressort ainsi du nouveau budget un excédant de dépense de..........	72,645,792
Mais en continuant d'y appliquer la réserve de l'amortissement, qui s'élèvera pour l'année 1848 à..........	83,980,000
Le budget total de 1848, comprenant le service ordinaire et le service extraordinaire, présentera un excédant de recette de..........	11,334,208

Savoir :

Service ordinaire (excédant de recette)..		45,172,768f
Service des travaux régis par la loi du 11 juin 1842 :		
Dépenses..........	117,818,560f	33,838,560
Réserve de l'amortissement (à déduire).......	83,980,000	
EXCÉDANT de recette égal........		11,334,208

Or, d'après le dernier budget, le découvert du *service ordinaire* seul eût absorbé la majeure partie de la réserve de l'année (73,644,597 francs), et l'on se fût trouvé ainsi en déficit de toute la dépense votée pour les travaux extraordinaires à couvrir par les ressources de la dette flottante, et qui, comme on l'a dit, s'élevaient alors à 169,461,969 francs.

COMPTOIRS NATIONAUX D'ESCOMPTE

Fonctionnant à la date du 8 mai.

Paris.
Reims.
Nancy.
Beauvais.
Poitiers.
Le Havre.
Sainte-Marie-aux-Mines.
Colmar.
Niort.
Charleville.
Saint-Lô.
Elbeuf.
Angers.
Châlons-sur-Saône.
Orléans.
Rethel.
Lyon.
Rouen.
Metz.
Cambray.
Bordeaux.
Clermont-Ferrand.
La Rochelle.
Granville.
Carcassonne.
Vire.
Lille.
Saint-Dié.
Neufchâteau.
Louviers.
Angoulême.
Saint-Quentin.
Abbeville.
Marseille.
Avignon.
Le Mans.
Mulhouse.
Toulon.
Saint-Jean-d'Angely.
Condé-sur-Noireau.
Saint-Omer.
Troyes.
Montluçon.
Amiens.

Prêts à fonctionner.

Caen.
Rochefort.
Bourges.
Nîmes.
Toulouse.
Montpellier.
Saint-Malo.
Dôle.
Flers.
Cherbourg.
Alais.
Arras.
Alençon.
Strasbourg.
Épinal.
Mirecourt.
Auxerre.

En instance.

Bar-sur-Aube.
Sedan.
Dinan.
Dijon.
Besançon.
Valence.
Tours.
Saint-Étienne.
Saint-Chaumont.
Saumur.
Chaumont.
Nevers.
Dunkerque.
Boulogne.
Béfort.
Lure.
Bolbec.
Castres.
Loudun.

Villes où sont établis des magasins généraux.

Avignon.
Abbeville.
Alais.
Amiens.
Beauvais
Bordeaux.
Caen.
Châlons-sur-Saône.
Angoulême.
Colmar.
Ham.
La Rochelle.
Lille.
Le Havre.
Marseille.
Montluçon.
Mulhouse.
Nantes.
Reims.
Rethel.
Rive-de-Gier.
Rochefort.
Romorantin.
Rouen.
Orléans.
Saint-Omer.
Saint-Quentin.
Sainte-Marie-aux-Mines.
Saint-Aignan.
Saintes.
Strasbourg.
Sedan.
Valenciennes.

www.ingramcontent.com/pod-product-compliance
Ingram Content Group UK Ltd.
Pitfield, Milton Keynes, MK11 3LW, UK
UKHW012216240726
13966UKWH00003B/792

9 782013 240239